Die besten Vorlesegeschichten
für 3 Minuten

1. Auflage 2013
© Arena Verlag GmbH, Würzburg 2013
Erstmals 2008 erschienen.
Alle Rechte vorbehalten.
Innenillustrationen: Melanie Brockamp, Stefanie Dahle,
Uli Waas, Hans-Günther Döring, Kerstin M. Schuld,
Iris Hardt, Susanne Schulte, Jutta Garbert,
Dorothea Ackroyd, Sigrid Gregor
Coverillustration: Sonja Egger
Gesamtherstellung: Westermann Druck Zwickau GmbH
ISBN: 978-3-401-70335-0

www.arena-verlag.de

Die besten Vorlesegeschichten für 3 Minuten

Sammelband

Arena

Inhalt

Rons erster Raubzug

Ron war ein Räuberjunge, und wie jeder ordentliche Räuber hatte er zerschlissene Hosen, zottelige Haare und schmutzige Fingernägel. Einen Räuberpapa und eine Räubermama hatte Ron natürlich auch. Eines Tages sprachen sie zu ihm: »Sohn, es wird Zeit, dass du allein auf Raubzug gehst. Hast du dir schon ein Haus ausgesucht, das du ausrauben willst?«

Rons Antwort kam wie aus der Pistole geschossen: »Das Schloss auf dem Rübenhügel!«

Der Räuberpapa und die Räubermama wechselten besorgte Blicke. »Bist du sicher, mein Sohn?«, fragte der Räuberpapa.

»Die Schätze dort sollen unglaublich gut bewacht sein«, sagte die Räubermama.

Aber Ron war ein Dickkopf. »Ich beraube das Schloss auf dem Rübenhügel, und damit basta!«, sagte er.

Die Räubereltern seufzten, und Ron schulterte den großen Räubersack. Pfeifend machte er sich auf den Weg. Er durchquerte den dunklen Räuberwald, rannte den hohen Rübenhügel hinauf und schlich dann räuberleise auf das Schloss zu.

Das Schlosstor war fest verschlossen, aber ganz oben stand ein Fenster offen. Ron warf sein Seil mit dem Räuberhaken aus und kletterte an der Hauswand empor. Er kletterte schnell und machte kein Geräusch. Schließlich war er ein echter Räubersohn!

Im dunklen Zimmer schnarchte jemand. »Chaa-
püüüüü«, machte es.

Auf Zehenspitzen tappte Ron zur Tür. Hinaus in den Flur.
Hier war alles still. Unheimlich still. Doch dann . . . hörte
Ron ein leises Winseln. Es kam von irgendwo unten.

Ron schlich die Treppe hinab. Vorbei an kostbaren
Kronleuchtern und diamantgeschmückten Bilderrah-
men. Und je tiefer er schlich, desto lauter wurde das
Winseln. Schließlich stand Ron vor einer riesigen Tür.
Da! Jetzt hörte er das Winseln ganz laut.

Mit klopfendem Herzen drückte Ron die Klinke herunter, öffnete die Tür – und hielt den Atem an.

Er stand in der königlichen Schatzkammer. Hier lagen
die wertvollsten Schätze, die er je gesehen hatte. Juwelen funkelten. Kronen blitzten. Gold und Silbertaler sta-
pelten sich zu Bergen. Und mitten in all den Schätzen
saß . . . ein Hund. Er hatte pechschwarzes Fell und blitz-
weiße Zähne. Aber in seinen goldbraunen Augen glitzer-
ten Tränen. Der Hund war nämlich angekettet. An einem dicken, dreckigen Strick. Und vor seiner Nase stand
nichts als ein schmutziger Napf mit trübem Wasser.

Ron ballte vor Wut die Hände. »So eine Gemeinheit!«,
presste er hervor. Er lief auf den Hund zu und kniete vor
ihm nieder. »Keine Angst, ich tu dir nichts«, flüsterte er.
Der Hund schien ihn genau zu verstehen, denn sein zot-

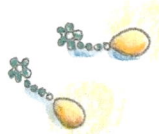

tiger Schwanz fing an, zu wedeln. Hin und her, ganz
aufgeregt.

»Sei still«, flüsterte Ron. »Ich werde dich befreien!« Der
kleine Räuber griff in seine Tasche und zog ein Messer

hervor. Eins, zwei, drei hatte er den Strick durchge-
schnitten.

»Und jetzt komm, wir müssen hier raus«, sagte er.

Aber der Hund kniff den Schwanz ein. Er hat Angst,
dachte Ron. Offensichtlich hatten ihn seine königlichen
Besitzer nicht gerade gut behandelt.

»Dann komm, und steig in meinen Sack«, drängte Ron.
»Oder willst du in der blöden Schatzkammer verschim-
meln?«

Da jaulte der Hund ein letztes Mal auf – und sprang in
Rons Sack. Ächzend hob der kleine Räuber ihn hoch und
schlich zurück nach draußen. Den ganzen Heimweg
trug er seine Beute auf den Schultern. Zu Hause warte-
ten schon die Räubereltern.

»Zeig her!«, rief der Räubervater.

»Was hast du geraubt?«, rief die Räubermutter.

Da öffnete Ron seinen Sack. Heraus sprang der Hund
und leckte seinem Befreier vor lauter Glück siebzehn-
mal über die Nase.

Die Räubereltern staunten. Ron war schrecklich stolz –
und dazu hatte er auch allen Grund. Schließlich hatte er
den wertvollsten Schatz des ganzen Schlosses geraubt.

Ein Plumps in dunkler Nacht

Es war eine rabenschwarze Nacht. Kneif mal deine Augen zu, dann kannst du dir vorstellen, wie dunkel es war. Der Mond am Himmel hatte sich mit einer dicken Wolke zugedeckt, und auf der Erde schliefen die Menschen. Nur Nana war noch wach. Tagsüber war sie eine wilde Hexe gewesen. Das war beim Faschingsfest im Kindergarten. Der lila Hexenhut und der kleine Besen lagen noch neben Nanas Stuhl. Aber jetzt war Nana wieder ein ganz normales Mädchen, das nicht schlafen konnte. Sie saß am offenen Fenster und sah nach draußen. Das heißt, sehen konnte sie ja nichts. Aber sie konnte alles Mögliche riechen und hören. Die Nacht roch nach Rattenfell und Pfefferminz – und ein kleines bisschen auch nach Mondstaub. In der Eiche vor Nanas Fenster schuhute eine Eule. Auf der fernen Landstraße rauschte ein Lastwagen vorbei. Und irgendwo im dunklen Gras hustete ein Regenwurm. Doch da lag noch was in der Luft: ein leises *Huschschsch* . . . und *Wuschschsch*. Und dann: ein lautes PLUMPS. Nana spitzte die Ohren. Irgendwas war auf die Erde geplumpst. Direkt unter Nanas Fenster.

»Hallo?«, wisperte Nana. »Ist da jemand?«

Keine Antwort. Nana beugte sich ein wenig vor. »Da ist doch jemand!«, wisperte sie ein winziges bisschen lauter.

Von unten maunzte es: »Dunkle Wolke, sei so nett! Hol den Mond aus seinem Bett!«

Mit einem sanften *Wischsch* schob sich die Wolke vom Mond. Und im hellen Mondlicht sah Nana . . . einen kohlpechschwarzen Kater. Er blinzelte zu ihr hoch, dann setzte er zum Sprung an und landete *hops* auf ihrem Fensterbrett. Nana kicherte. »Wo kommst du denn her? Bist du vom Himmel gefallen?«

Der Kater leckte sich die Pfote und maunzte: »Ich fiel von keinem Himmelswesen. Ich fiel von einem Hexenbesen!«

»Von einem *Hexenbesen?*« Nanas Augen wurden kugelrund.

Der Kater nickte traurig. »Ich plumpste runter wie ein Reiter. Und meine Hexe, die flog weiter!«

»Oh«, sagte Nana. »Wo ist sie denn hingeflogen, deine Hexe?«

Der schwarze Kater zeigte nach Norden. »Sie flog zu den sieben Bergen. Zu den sieben Hexenzwergen. Sei so lieb, du gutes Kind, bring mich zu ihr ganz geschwind.«

»Ich ... äh ...«, stammelte Nana. »Aber wie soll ich das tun?«

Der Kater sprang auf Nanas Stuhl. »Mit dem Besen, der hier liegt. Glaubst du nicht, dass der gut fliegt?«

Nana zuckte mit den Schultern. Sie war den ganzen Tag darauf herumgeritten. Quer durch den Kindergarten. Aber die Idee, auf dem Besen zu *fliegen,* war ihr nicht gekommen. Der schwarze Kater tippte den Besen mit der

Pfote an und sprach: »*Hui* und *wui,* du Besenwesen, kannst nicht schreiben oder lesen. Doch fliegen kannst du, eins, zwei, drei: Mach dich bereit, und schweb herbei!«

Ehe Nana irgendetwas sagen konnte, schwebte der Besen auf sie zu. Der schwarze Kater nickte zufrieden. »Und nun steig auf, denn es wird Zeit. Die Nacht ist kurz, die Reise weit!«

Nana kaute ein wenig unsicher an ihrer Lippe. Aber ihre Lust, durch die Nacht zu reisen, war größer – viel, viel größer als die Angst.

»Na, dann mal los!«, rief sie und schwang sich auf den Besen. Der schwarze Kater setzte sich hinter sie. »Krall dich an mir fest!«, rief Nana ihm zu. »Damit du nicht wieder runterfällst.«

Das tat der Kater. Und Nana flog! Himmelaufwärts lenkte sie den Besen – und dann *huuiiiiiiii* in Richtung Norden, weit und immer weiter, bis zu den sieben Bergen.

Dort brannte ein riesiges Hexenfeuer. Wie das loderte und knackte und duftete! Die sieben Hexenzwerge waren auch da – und die Hexe des schwarzen Katers. »Hurra, hurra, da bist du ja!«, kreischte sie. »Auf einmal warst du weg – war das vielleicht ein Schreck!«

Der schwarze Kater sprang seiner Hexe in die Arme und erzählte ihr, was geschehen war. Da verbeugte sich die Hexe vor Nana. »Ich danke dir zehntausendfach. Und jetzt kommt, wir machen Krach!«

Das ließ sich Nana nicht zweimal sagen. Herum und herum tanzte sie mit den Hexen und dem Kater ums Hexenfeuer. Sie sangen und lachten aus vollem Hals – bis am Horizont die Sonne aufging.

»Jetzt muss ich gehen«, sagte Nana. »Oder besser gesagt: fliegen.«

»Wir bringen dich zurück«, maunzte der Kater – und Nana fügte kichernd hinzu: »Da hab ich aber Glück!«

Und dann flog sie hinter der Hexe und dem schwarzen Kater zurück nach Hause. »Wir sehn uns doch wieder, oder?«, fragte sie zum Abschied. Da riefen die Hexe und der Kater wie aus einem Mund: »In der nächsten Vollmondnacht – holn wir dich ab, um kurz nach acht!«

Kleine Feder und der große Adler Inajé

Der große Adler Inajé war ein mächtiger Vogel, der nur in den Geschichten der alten Indianer lebte. Abends am Lagerfeuer erzählten sie von ihm. Leise, leise, im Dunkel der Nacht. Sie flüsterten von seiner prachtvollen Gestalt, seinen riesigen Schwingen und seinem messerscharfen Schnabel.

Niemand hatte den Adler Inajé je zu Gesicht bekommen, aber jeder wünschte sich, ihm einmal zu begegnen – vor allem das Indianermädchen Kleine Feder. Mit leuchtenden Augen lauschte sie den Geschichten am Feuer. Und jede Nacht wünschte sich Kleine Feder, vom Adler Inajé zu träumen. Sie wünschte es sich mit aller Kraft. Aber es gelang ihr nie.

Eines Tages spielte Kleine Feder mit ihrem Bruder Wirbelwind in der Prärie Verstecken. Die Prärie war weit.

Es gab viel Gestrüpp und noch mehr Berge, die boten herrliche Verstecke.

»Wirbelwind, wo bist du?«, rief Kleine Feder und lugte hinter einen hohen Fels. Sie hatten sich schon weit vom Lager entfernt. Viel zu weit.

»Wirbelwind?« Kleine Feder sah sich um – und plötzlich klopfte ihr Herz ganz laut. Wo war sie überhaupt? Und wo war ihr Lager? Im Süden? Im Westen? Das Herz des Indianermädchens fing an, zu rasen. Sie wusste es nicht mehr. Sie hatte sich verlaufen.

Jetzt war es der Weg zurück nach Hause, den das Indi-

anermädchen suchen musste. Sie suchte im Süden, im Westen, im Norden und im Osten. Ihre Beine wurden schwerer und schwerer, und hinter den Bergen ging schon die Sonne unter. Der blaue Himmel wurde feuerrot und schließlich dunkel. Und noch immer hatte Kleine Feder keine Spur.

»Es hilft nichts«, seufzte sie schließlich. »Ich muss mich ausruhen und morgen weitersuchen.«

Kleine Feder ließ sich am Fuß eines Berges nieder. Erst jetzt merkte sie, wie erschöpft sie war. Zum Glück war es Sommer, und auch die Nächte waren warm. Das Indianermädchen rollte sich im Gras zusammen. Einen Augenblick später war sie eingeschlafen.

Und dann träumte sie: von einer großen, giftigen

Schlange, die sie beißen wollte. Beinahe wäre Kleine Feder schreiend aufgewacht. Doch da erschien im Traum der Adler Inajé. Wie ein Stein schoss er aus dem Himmel herab. Seine Gestalt war so prachtvoll wie in den Geschichten der alten Indianer. Seine Schwingen waren riesig – und mit seinem messerscharfen Schnabel stürzte er sich auf die große Schlange. Es war ein fürchterlicher Kampf. Aber der mächtige Adler siegte. Dann beugte er sich zu dem Indianermädchen herab und hob sie mit seinen Krallen behutsam in die Luft. Sanft und leicht wie eine Feder im Wind flog er mit ihr über die fremden Berge – bis zum Lager der Indianer. Dort legte der mächtige Adler Kleine Feder neben das Feuer und verschwand.

»Was für ein wunderschöner Traum«, murmelte Kleine Feder, als sie erwachte. Sie rieb sich die Augen, sah sich um – und staunte.

»Ich bin ja wirklich wieder zu Hause!«, rief sie laut.

Aus den Zelten stürzten die alten Indianer. Auch Wirbelwind kam angelaufen und starrte das Indianermädchen fassungslos an. »Wir haben überall nach dir gesucht!«, rief er. »Bis es dunkel wurde, und morgen wollten wir weitersuchen. Wo warst du, Kleine Feder, und wie bist du mitten in der Nacht hierher gekommen?«

Kleine Feder zuckte mit den Schultern. War ihr Traum

etwa *wirklich* geschehen? Sie konnte es einfach nicht glauben. Doch dann erblickte das Indianermädchen die Feder. Sie lag in ihrem Schoß. Riesengroß war sie und wunderwunderschön.

»Setzt euch ans Feuer«, sagte Kleine Feder zu Wirbelwind und den alten Indianern. »Ich erzähle euch eine Geschichte vom großen Adler Inajé . . .«

Milena Baisch

Drachengeschichten
für 3 Minuten

Arena

Das Höhlengespenst

Olmo, Alma und Ilmi sind drei kleine Kobolde. Sie haben kurze Beine und große Ohren. Und sie wohnen in einer fantastischen Tropfsteinhöhle. Deshalb freuen sie sich immer sehr, wenn sie nach Hause kommen. Aber heute ist Ilmi verwundert vor dem Eingang stehen geblieben.

Sie ruft: »Pscht!«

Alma und Olmo sind ganz ruhig und lauschen.

»Was ist denn?«, flüstert Olmo.

»Da ist was«, flüstert Ilmi zurück.

Alle drei drehen ihre spitzen Öhrchen zum Höhleneingang und lauschen noch besser.

Jetzt hören sie es! Ein raschelndes, rauschendes Geräusch.

Ilmi klappert mit den Zähnen. »H-h-hiiiilfe! G-g-ge-spenster!«

»Ilmi, das ist Quatsch!«, rufen Olmo und Alma. »Hier gibt es doch keine Gespenster!«

Und zum Beweis stapft Olmo mitten hinein in die dunkle Tropfsteinhöhle. Alma wartet mit Ilmi draußen. Sie streichelt ihren Wuschelkopf. »Siehst du? Es gibt keine Gespenster.«

In dem Moment kommt Olmo aus der Höhle gerannt. »Unerhört!«, schimpft er und stampft mit dem Fuß ins Moos. »Es hat unsere Wurzelkekse angeknabbert!«

»Wer?«, fragt Alma.

»Na, das Gespenst!« Vor Ärger wirft Olmo einen Tannenzapfen gegen die Höhlenwand.

Alma schüttelt erstaunt den Kopf. »Aber Olmo! Du weißt doch, dass es gar keine Gespenster gibt.« Dann geht sie in die Höhle hinein.

Olmo und Ilmi warten draußen. »Es ist bestimmt ein Gespenst da drin«, flüstert Ilmi.

»Jawohl«, sagt Olmo.

Da hören sie einen Schrei aus der Höhle.

»Aua, aua!« Alma kommt nach draußen geflitzt. Sie zeigt den beiden ihren rechten Zeigefinger. »Es hat mich gepikst!«, ruft sie empört.

Olmo und Ilmi schauen sich erschrocken an. »Etwa das Gespenst?«, fragen sie.

»Jajaja!«

»Aber du hast doch gesagt, dass es keine Gespenster gibt.«

Alma springt durchs Moos. »Hier gibt es eins!«

Jetzt haben Olmo und Ilmi Angst. Und Alma auch. »Wir müssen zum Drachen«, beschließt sie.

Die drei rennen los, zum Drachen, und erzählen ihm vom Gespenst, das pikst und Wurzelkekse klaut. Der Drache wiegt seinen großen Kopf hin und her. »Das ist aber ein komisches Gespenst«, überlegt er.

»Du musst es verjagen!«, ruft Ilmi.

Alma nickt aufgeregt. »Ja! Mach ihm Angst!«

»Mach ein großes Feuer, damit es sich nie wieder in unsere Höhle traut!«, ruft Olmo.

Da steht der Drache langsam auf. Er kommt mit den drei Kobolden, um sich das Gespenst einmal anzusehen. Vor der Höhle bleiben die Kobolde stehen. »Geh du vor«, sagt Olmo zum Drachen.

Der Drache hat keine Angst. Er geht in die fantastische Tropfsteinhöhle hinein. Die drei kleinen Kobolde schleichen ihm hinterher. Sie verstecken sich hinter seinem großen Rücken, damit das Gespenst sie nicht so leicht piksen kann.

Alma stupst den Drachen an. »Jetzt!«, ruft sie aufgeregt. Da öffnet der Drache sein großes Maul und spuckt eine Flamme aus, die die Höhle strahlend hell erleuchtet. Die Tropfsteine glitzern und funkeln in wunderbarer Pracht. »Oh!«, staunen die Kobolde. »Ist unsere Höhle aber schön!« Sie sind ganz überrascht, denn bis zum heutigen Tag haben sie ihre Höhle nur im Dunkeln gekannt.

Im Schein des schönen Drachenfeuers sehen sie nun die glänzenden Höhlenwände, den gemütlichen Höhlenraum mit dem Tisch und den Stühlen, auf dem Tisch die leckeren Wurzelkekse und zwischen den Wurzelkeksen – einen Igel.

»Ein Igel!«, ruft Ilmi.

»Der hat unsere Kekse gegessen!«, grummelt Olmo.

»Der hat mich mit seinen Stacheln gepikst!«, ruft Alma.

»Der ist süß«, sagt Ilmi. Sie hebt den Igel vorsichtig hoch und setzt ihn auf ihren Schoß.

Da hört der Drache auf, Feuer zu speien. Er schüttelt seinen großen Kopf. »Wenn ihr keine Angst mehr habt, dann kann ich ja wieder gehen.«

Aber Alma und Olmo wollen nicht, dass der Drache schon wieder geht. »Bleib doch noch ein bisschen bei uns!«, sagen sie. »Es ist hier viel schöner, wenn du da bist.«

Sie rücken den Tisch zur Seite, damit der Drache sich schön ausstrecken kann. Und dann machen sie sich alle zusammen einen gemütlichen Abend in der fantastischen Tropfsteinhöhle. Hin und wieder speit der Drache ein kleines warmes Feuerchen. Olmo schenkt jedem eine Tasse mit köstlichem Gänseblümchentee ein. Alma singt Koboldlieder. Und Ilmi füttert den kleinen Igel mit Wurzelkeksen.

Ein Kostüm für Drache Minko

Morgen ist Kostümfest, und der Drache Minko überlegt, als was er sich verkleiden soll. Letztes Jahr ist er als Dinosaurier gegangen. Das war einfach, aber dieses Jahr soll es mal etwas anderes sein.

»Als was gehst du?«, fragt Minko seine Freundin, die Fee Sambalda.

»Ich verkleide mich als Frosch«, sagt Sambalda.

Sie zeigt Minko das Kostüm, das sie gerade bastelt. Es ist ein toller grüner Anzug mit einer langen roten Zunge.

»Oh!«, ruft Minko neidisch. »Als Frosch würde ich auch gerne gehen.«

»Kannst du doch«, schlägt Sambalda vor. »Das ist bestimmt nicht so schwer, denn du bist ja schon grün.«

Aber Minko schüttelt traurig den Kopf. »Ein Drache als Frosch, das ist doch viel zu groß. Das sieht unmöglich aus.«

Die Fee kichert.

»Ach«, seufzt Minko. »Eine Fee müsste man sein. So klein und zart. Dann passt einem alles.«

»Du kannst als Dinosaurier gehen«, schlägt Sambalda vor. »Dafür bist du nicht zu groß.«

»So was Langweiliges!«, schnaubt Minko. »Alle Drachen gehen als Dinosaurier.« Er wiegt seinen großen Kopf zum Abschied und stapft davon.

Als er zum Bach kommt, sieht er dort den Zwerg Bondur, der seine Haare nass macht. »Was tust du da?«, fragt Minko.

»Ich will, dass meine Haare hochstehen«, sagt Bondur. Er nimmt einen Tannenzapfen und wickelt die nassen Haare darum. »Wenn man hochstehende Haare hat, sieht man größer aus.«

Das wusste Minko nicht. Und er ist froh, dass er gar keine Haare hat, denn er sieht ja wirklich schon groß genug aus.

Bondur zeigt auf sein gestreiftes Hemd und erklärt: »Mit einem gestreiften Hemd sieht man auch größer aus.« Dann bindet er sich Holzstücke unter die Schuhe und läuft damit ein paar Schritte hin und her.

»Warum machst du das alles?«, fragt Minko.

»Na, wegen dem Kostümfest!«, ruft Bondur.

Minko schaut Bondur an und überlegt. »Gehst du als gestreifter Holzbein-Kobold?«

Verärgert schüttelt Bondur seinen Kopf mit den hochstehenden Haaren. »Als Kobold? Spinnst du? Ich gehe als Riese, das sieht man doch gleich!«

»Ach so«, sagt Minko, und er versucht, nicht laut zu lachen.

Lieber geht er weiter durchs Land, auf der Suche nach einem richtig guten Kostüm. Am Waldrand trifft er den Riesen Wollbin. Auch Wollbin macht heute seltsame Dinge. Er bindet sich seine Schuhe um die Knie!

»Soll das auch eine Verkleidung sein?«, fragt Minko.

»Ja!«, ruft Wollbin stolz. Er kniet sich auf die Erde. Mit den Schuhen an den Knien sieht es so aus, als ob seine riesenlangen Beine nur noch halb so lang wären. Dann setzt er eine rote Zipfelmütze auf. »Und? Wer bin ich?«, fragt Wollbin.

Minko denkt nach. »Vielleicht ein krabbelnder Weihnachtsmann?«

»Quatsch!«, ruft Wollbin. »Ich bin ein Zwerg!«

Da muss Minko lachen. Dieses Jahr wird das Kostümfest wirklich verrückt. Die Zwerge gehen als Riesen und die Riesen als Zwerge.

»Beim Kostümfest ist eben alles erlaubt«, sagt Wollbin. »Und ich wollte schon immer mal so klein sein wie ein Zwerg.«

Das kann Minko verstehen. Er wäre auch gerne mal ganz klein. Und zart und leicht. So wie die Fee Sambalda. Plötzlich springt Minko auf. Er hat eine Idee, eine tolle Idee! Auf dem schnellsten Wege eilt er zu Sambalda, die schon aussieht wie ein Frosch. »Du musst mir helfen!«, ruft Minko. »Ich will mich als Fee verkleiden.«

Erst findet Sambalda, dass das eine komische Idee ist. Aber dann hilft sie Minko. Sie malt bunte Blumen auf seine Drachenflügel. Dazu kriegt Minko noch ein flatterndes hellblaugrünes Kleid und einen Veilchenkranz auf den Kopf.

Als sie fertig sind, sagt Sambalda: »Was bist du für eine wundervolle, fantastische Fee!«

Am Abend gehen sie gemeinsam zum Kostümfest. »Wer ist denn die große Fee neben dem Frosch?«, fragen die Leute.

»Ich bin es: Minko!«, ruft Minko stolz. Und er tanzt einen verrückten Feendrachen-Tanz.

Die anderen lachen. Sie lachen auch über die Dinosaurierdrachen, über die Riesenzwerge und die Zwergenriesen. Und alle tanzen mit. Dieses Jahr ist das Kostümfest wirklich lustig.

Lommi ärgert die Ritter

Der Drache Lommi liegt gemütlich in der Sonne, als plötzlich die Fee Grieta auf seinem Bauch landet. »Lommi, Lommi! Ich brauche deine Hilfe!«, ruft sie aufgeregt.

»Hmm?«, macht Lommi. Er hat gerade so schön geträumt.

»Der König ist in Not. Er hat sich im Turm eingesperrt, und nun klemmt der Schlüssel.«

»Können die Ritter ihm nicht helfen?«, murmelt Lommi.

»Die Ritter sind alle schon am Burgturm. Sie rennen mit ihren Lanzen dagegen, um die Tür aufzubrechen. Dabei machen sie alles kaputt.«

»Und das will der König nicht?«, fragt Lommi.

Grieta schüttelt den Kopf. »Überhaupt nicht! Er will lieber, dass ich ihn mit einem Zauber befreie.«

Lommi streckt sich gemütlich aus. »Na, das ist doch auch gut. Dann befreie ihn mit einem Zauber.«

Grieta springt auf Lommis Rücken. »Du musst mitkommen, Lommi! Wenn die Ritter mich sehen, kann ich nicht zaubern. Niemand darf das sehen.«

»Soll ich etwa die Ritter ablenken?«, fragt Lommi.

»Genau das sollst du!«, ruft Grieta. Aufgeregt krabbelt sie über Lommis Rücken. »Komm, wir fliegen gleich los.«

Da bleibt Lommi nichts anderes übrig, als sich aufzurichten und mit Grieta auf dem Rücken loszufliegen. Mit Lommis großen Flügeln kommen die beiden gut voran. Bald erreichen sie die Burg. »Lande am besten auf der Burgmauer«, sagt Grieta. »Dann werde ich durch das kleine Fenster in den Turm schweben und den König mit einem Zauber befreien.«

Lommi landet vorsichtig auf der Burgmauer, so wie Grieta es sich gewünscht hat. In dem Moment, als sie aufsetzen, rennen die Ritter in den Burghof. Mit tosendem Geschrei stürmen sie zur Mauer. »Viel Spaß!«, flüstert Grieta. Und schon verschwindet sie durch das Fenster in den Turm.

Die Ritter stehen unten an der Mauer und heben ihre Lanzen in die Luft. Sie rufen: »Ein Drache! Dem werden wir es zeigen!« Lommi sitzt oben auf der Mauer und winkt zu ihnen hinunter.

»Hoho!«, rufen die Ritter. Und sie fuchteln noch heftiger mit ihren Lanzen. Lommi fliegt eine Runde über die Köpfe der Ritter hinweg. Dann setzt er sich auf den Brunnen.

»Unverschämtheit!«, sagen die Ritter. Sie blasen mit den Fanfaren zum Angriff und schlagen auf ihre großen Trommeln. Dazu stampfen sie laut mit ihren Rüstungen und rufen alle zusammen im Chor: »Wir werden den Drachen besiegen! Wir werden den Drachen besiegen!« Lommi streckt den Rittern die Zunge raus.

Da bricht bei den Rittern eine Unruhe aus, die man sich kaum vorstellen kann. Wie ein Bienenschwarm rennen sie durcheinander. Dann heißt es: »Auf in den Kampf!« Und sie stürmen allesamt auf den Brunnen zu. Doch kurz bevor sie ihn erreichen, fliegt Lommi wieder weg. Er schwebt über den Rittern, mal nach links, mal nach rechts. Und die Ritter laufen ihm hinterher. Dann hebt Lommi einen Ritter hoch und fliegt ein Stück mit ihm.

»Hilfe!«, ruft der Ritter. Da setzt Lommi ihn auf dem Burgdach ab.

Schon holt er sich den nächsten, den er zum Pferdestall trägt. Ein anderer Ritter wird von Lommi zum Burggraben gebracht, und so geht es weiter, bis alle Ritter kreuz und quer verteilt sind. Das macht Lommi großen Spaß! Nach einer Weile kommt der König aus dem Turm gelaufen. »Wo sind meine Ritter?«, ruft er.

Wenn der König wieder herumlaufen kann, dann ist Grieta wohl mit ihrer Zauberei fertig, denkt Lommi. Er fliegt zum Burgfenster, wo Grieta schon auf ihn wartet.

»Vielen Dank für deine Hilfe«, sagt sie, während sie auf Lommis Rücken klettert.

»Das habe ich doch gerne gemacht«, sagt Lommi. Als er davonfliegt, schaut er nach unten zur Burg, wo die Ritter wie Ameisen durcheinander in der Burg umherlaufen.

Nortrud Boge-Erli · Chris Boge

Feengeschichten
für 3 Minuten

Arena

Wolfgrumpel und der Feenzauber

Die Feenkinder Safran, Larus und Klaribunde konnten schon ziemlich gut zaubern. Darum erlaubten ihnen ihre Eltern, den Palast und die Stadt der Feen zu verlassen, sooft sie wollten. »Hütet euch aber vor dem Bruchland«, sagten sie. »Dort wohnt Wolfgrumpel, der Gnom. Er hat unsichtbare Netze aufgespannt, in denen könnt ihr euch leicht verfangen.«

Die liebsten Freunde von Safran, Larus und Klaribunde waren die Waldelfen, die hinter Bruchland im Zauberwald wohnten.

»Ach, der olle Gnom«, sagte Larus, »was soll der uns schon tun. Wir fliegen einfach hoch über Bruchland hinweg!«

»Na klar«, riefen seine Geschwister. Und so

flogen sie fröhlich über die Steinbrocken und Tümpel
von Bruchland hinweg auf den Zauberwald zu.
Wolfgrumpel hatte moosgrünes Fell und lange, spitze
Ohren wie ein Luchs. Er konnte jeden Ton meilenweit
hören. Und so hörte er auch die Feenkinder. Wolfgrumpel warf sein Fangnetz in die Höhe. Wie eine dicke
schwarze Wolke legte es sich über die Feenkinder.
Larus und Safran schrien vor Schreck. Klaribunde aber
murmelte blitzschnell einen Steinzauber. Da verwandelten sich alle drei in runde, klobige Steine, die waren
so schwer, dass Wolfgrumpels Netz zerriss. Die Steine
plumpsten dem Gnom auf die Zehen. »Aua«, kreischte
der. »Ich wollte Feenkinder fangen, keine ollen Steine.
Weg damit.« Und er warf die Steine einen nach dem anderen in den Tümpel.

Das Ufer des Tümpels aber gehörte schon zum Zauberwald.

Als die Feen in ihren Steingehäusen ins Wasser tauchten, war es Larus, der gedankenschnell den Fischzauber sprach. Da verwandelten sich die drei Steine in Fische. Sie schwammen im Wasser herum und schnappten nach Luft.

Der Gnom Wolfgrumpel aber hatte nicht nur Ohren wie ein Luchs. Er hatte auch Augen wie ein Falke. »Holla, Fische in meinem Tümpel? Die brat ich mir zum Abendessen.« Und er legte sich mit seinem großen Mund an den Tümpel. Er schlürfte und schluckte. Das Wasser wurde immer weniger.

»Was machen wir nur? Mir fällt kein Zauber mehr ein«, jammerte Klaribunde. »Mir auch nicht«, klagte Larus. Aber Safran murmelte mit seinem Fischmaul den Wasserkäferzauber. Da verwandelten sich die Fische in kribbelnde, krabbelnde Wasserkäfer. Sie schlüpften dem Gnom in die Nase, bissen und kratzten ihn, dass er niesen musste.

Genau darauf hatten die Feen gewartet. Im weiten Bogen nieste Wolfgrumpel sie in den Zauberwald. Dort saßen ihre Elfenfreunde im Moos und fingen sie auf.
Kaum aber berührten Safran, Larus und Klaribunde
das Zaubermoos, erhielten sie ihre Feengestalt zurück
und waren gerettet.

Der Gnom Wolfgrumpel jedoch verzog sich beleidigt für
viele Wochen in seine Grumpelhöhle. Dort knüpfte er
neue Netze. Doch bis die fertig waren, hatten Safran,
Larus und Klaribunde längst gelernt, wie man den Wol-
kenzauber spricht, der jede Fee hoch über die Netze eines Gnoms hinwegträgt.

Zwergenkönig Graubart
und die Wanderfeen

»Trari-trara! Die Königin kommt!«, bliesen die Reiter auf langen Grashalmen. Es waren sehr viele. Und alle Reiter saßen auf Heuschrecken und hatten Rüstungen aus grünen Blättern an. Die Königin der Wanderfeen hieß Jubilante und ritt auf einer besonders grünen, besonders großen Heuschrecke. Ihr Grashalm übertönte alle Reiter, so schrill klang es, wenn Jubilante darauf blies.

Die Wanderfeen waren schon eine Weile unterwegs und wollten eine Pause im Land der Blumenfeen einlegen.

»Die Königin kann aber hier nicht rasten!«, riefen da die Wachen der Blumenfeen. »Eure Heuschrecken fressen unsere Blütenstadt auf!«

Und Narzissa, die Königin der Blumenfeen, schickte

tausend Heckenrosen und fünfhundert Schlehen aus, die zogen eine sehr stachelige Mauer um ganz Blütenstadt.

Da fanden die Heuschrecken nichts zu fressen, und die Wanderfeen zogen weiter.

Spätabends gelangte Jubilante mit ihren Reitern in eine Felsenschlucht.

»Trari-trara, die Königin kommt!«, bliesen die vielen Wanderfeen auf ihren Grashalmen, dass es nur so von den Felswänden hallte.

In dieser Schlucht hauste Zwergenkönig Graubart in seinem Palast aus Bergkristall.

Den ganzen Tag über hatte er mit seinen Zwergen ge-
hämmert, Silber, Edelsteine und Kristalle aus den Felswänden geklopft. Nun war er müde, und auch seine
Zwerge schliefen schon.

»Was für ein schreckliches Pfeifen weckt mich denn da,
bei meinem graufarbenen Barte?«, rief er.

Graubarts Töchter Trulla und Mulla und die anderen
Zwerge liefen verschreckt zusammen.

Da war ein Getrippel und Getrappel über ihren Köpfen,
als hüpften viele Vögel auf dem Dach ihres Palastes herum. Dazu ertönte das furchtbare »Trari-trara«.

»Wir gehen nachschauen! Tragt mich in meinem Thron

nach oben, meine lieben Zwerge!« Graubart setzte seine beste Krone auf. Trulla und Mulla kämmten ihm rasch noch den langen grauen Bart.

Kaum erreichten die Zwerge die Bergwiese, da sahen sie es. Über der Schlucht sprangen hundert und noch mehr Heuschrecken von einer Seite zur anderen. Auf ihren Rücken saßen die Feenreiter und bliesen lange, schrille Töne auf Grashalmen.

Das war so laut, dass alle Zwerge sich die Ohren zuhielten.

»Potz Blitz noch mal, was geht hier vor sich?«, donnerte König Graubart.

Königin Jubilante sprang auf ihrer besonders großen Heuschrecke vor Graubarts Thron. »Ich bitte dich um ein Nachtlager für mich und mein Volk. Wir sind Wanderfeen, und morgen ziehen wir weiter.«

»Ach so, na ja!« Graubart kraulte seinen Bart. »Aber sag deinen Leuten, sie sollen keinen solchen Lärm machen. Wir Zwerge arbeiten schwer. Nachts wollen wir schlafen.«

»Gefällt euch unsere Musik nicht?« Jubilante schaute verwundert.

»Sie klingt grässlich«, sagte Graubart. »Man fällt geradezu aus dem Bett, wenn man solch ein Gekreisch hört.«

»Papa«, flüsterte ihm seine Tochter Trulla ins Ohr, »gib ihnen doch eine unserer silbernen Trompeten.«

»Oder eine der Harfen«, sagte Mulla. »Zimbeln würden auch schön klingen.«

»Gute Idee! Bringt die Truhe mit den Instrumenten!«, rief Graubart. Und seine Zwerge schleppten die Truhe herbei. Als Jubilante hineinschaute, legte sie sofort den langen Grashalm beiseite. Vorsichtig nahm sie die Harfe mit den mondsilbernen Saiten. Ihr oberster Reiter bekam die Trompete, und der schönste Feenjunge ließ das Glockenspiel erklingen.

Graubarts Zwerge aber holten ihre Trommeln.

Trulla und Mulla schlugen Tamburin und Zimbeln.
Jetzt gaben die Feen und Zwerge gemeinsam ein wunderbares Konzert.
Die Heuschrecken fraßen unterdessen alle Grashalme auf. Danach flogen sie in einem einzigen Schwarm davon. So blieben die Feen bei den Zwergen. Der oberste Reiter bekam einen leisen Nachtfalter als Pferd. Und außerdem heiratete er Trulla.
Der schönste Feenjunge heiratete Mulla.
Wenn Graubart und seine Leute müde von der Arbeit in den Kristallpalast zurückkehrten, stimmte Jubilante die Harfe, und Graubart lehnte sich in seinem Thronsessel zurück und lauschte den wunderbaren Tönen. Einmal kamen sogar die Blumenfeen zu Besuch, und Königin Narzissa brachte die schönsten Bergblumen als Geschenke mit.

Ritter Robert von der Delle

Ritter Robert von der Delle war ein Raubritter. Leute-ausrauben und Alles-kurz-und-klein-Hauen, das waren seine liebsten Beschäftigungen. Jeden Morgen nach dem Frühstück stürzte er wie ein gieriger Habicht aus seiner Hügelburg.

»Hoho! Her mit euren Säcken voll Gold und Silber! Kleidern aus Seide und Samt! Köstlichen Gewürzen aus fernen Ländern! Fässern voll lieblichem Wein! Der soll mir munden!«, brüllte er und schlug mit seinem blitzenden Schwert so wild um sich, dass die harmlosen Reisenden und die fahrenden Kaufleute Reißaus nahmen und flohen. Manch Reisender bezahlte gute Kämpfer, die ihn auf dem Weg durch die Wälder vor dem berühmten Raubritter beschützen sollten. Die schlugen dann mit ihren Schwertern auf Ritter Roberts Rüstung, dass es nur so schepperte.

Aber darüber lachte Robert von der Delle laut und garstig. »Hoho!«, kreischte er vergnügt. »Wieder eine neue Delle! Meine Rüstung wird von Tag zu Tag schöner!«

Einmal schwang sich Ritter Robert nach dem Abendessen auf sein schwarzes Ross Schnaubi und brüllte: »Jetzt werde ich noch reicher und zerbeulter! Folgt mir, Männer!«

Die Männer von Ritter Robert von der Delle wollten nicht, denn sie hatten Angst vor der dunklen Nacht, in der die Wölfe im Burgwald um die Wette heulten. Aber Robert brüllte und fuchtelte mit dem Schwert, sodass sie vor ihm noch mehr Angst bekamen als vor den wilden Wölfen. Also folgten sie ihm mit schlotternden Knien.

Im Burgwald war es gar nicht so finster wie sonst, denn überall schimmerte es golden.

Ritter Roberts Männer klapperten mit den Zähnen und klirrten mit den Kniepanzern aneinander, so unheimlich war es ihnen.

Wo kam nur das merkwürdige Leuchten her? »Still!«, zischte Robert, denn er hörte einen feinen und fröhlichen Gesang. Es klang ungefähr so: *»Simfarsala simbolita simseframa teframirna, ripullita gifarsala!«*

»Na wartet, euch wird das Singen noch vergehen!«, rief Robert von der Delle erbost, der es hasste, wenn andere fröhlich waren. Er gab Schnaubi die Sporen und ritt auf die Lichtung im Wald.

Dort tanzten viele Feen. Eltern und Kinder. Sie sprangen im Kreis und sangen. Von Fackeln war weit und breit keine Spur – stattdessen ging ein sanftes Leuchten von ihnen aus, das den dunklen Wald erhellte.

»*Simfarsala simbolita!* Komm und tanz mit uns!«, rief ein Feenpapa mit grünem Spitzhut, der sein Kind auf dem Arm trug.

Robert wäre fast von Schnaubis Rücken gepurzelt, so stark bremste das Pferd mitten im Galopp, als es die leuchtenden Feen sah.

»Hoho! Her mit dem Gold und Silber! Klunkern und Juwelen! Im Dellenwald singt niemand, ohne zu zahlen!«, kreischte Robert vergnügt, rückte seinen verbeulten Helm wieder gerade und zückte das Schwert.

Da trat auf einmal eine besonders feine Fee mit einer goldenen Krone auf den garstigen Ritter zu. Sie leuchtete so stark, dass Robert die Augen zumachte. Schnaubi wieherte und stellte sich auf die Hinterläufe. Mit einem lauten Plumps krachte der Raubritter auf den Boden und rieb sich verdutzt den Blechhintern.

Die Feenkönigin berührte Ritter Robert mit einem langen Grashalm, an dem ein dicker Tautropfen hing. »Erhebst du noch ein einziges Mal dein Schwert ohne Grund, so wird es dir nicht mehr gehorchen«, sagte sie. Und plötzlich war es dunkel und still im Wald. Die Feen waren verschwunden, und nicht einmal mehr die Wölfe heulten.

»So was Blödes!«, schrie Robert enttäuscht. »Wo sind sie hin? Egal, dann überfall ich eben Ferdinand!«

Ritter Ferdinand vom Feigenbaum war Roberts Erzfeind.

»Jetzt geht es dir an den Blechkragen, geliebter Feind!«, brüllte Ritter Robert, als Ferdinand ihm entgegenritt. Robert ließ sein Schwert mit einem lauten Krach auf Ferdinands Helm sausen. Gleichzeitig riss auch Ferdinand sein Schwert hoch.

Und da passierte es: Beide Schwerter wickelten sich umeinander wie zwei säuselnde Schlangen.

»Lass mich gefälligst los, Ferdi!«, rief Robert.

»Wie, was, lass du zuerst mal *mich* los, alter Dellerich!«, erwiderte Ferdinand.

Dann brüllten sie noch eine Weile, bis ihnen das zu langweilig wurde.

»Weißt du, Ferdinand«, sagte Robert schließlich kleinlaut, »eigentlich ist es ja dumm, dass wir immer nur kämpfen und rauben. Wir können ja auch mal was anderes machen. Was Gemeinsames.«

»Ja, du hast recht, Robert«, antwortete Ferdinand. »Eigentlich haben wir so viel Geld und Gold, dass wir das sowieso niemals ausgeben können. Wir könnten es doch verteilen, an Leute, die es besser gebrauchen können. Was meinst du?«

Und tatsächlich, das machten sie auch, nachdem sie ihre verknoteten Schwerter weggelegt hatten. Im ganzen Königreich wunderten sich die Leute, was mit Robert von der Delle und Ferdinand vom Feigenbaum auf einmal los war. Die beiden wurden dicke Freunde und taten fortan nur noch Gutes.

So etwas passiert schon mal, wenn man von einer Feenkönigin berührt wird!

Nortrud Boge-Erli · Chris Boge

Rittergeschichten
für 3 Minuten

Arena

Ein Hoch auf Ritter Igelfuß

Ich freute mich riesig auf den Ausflug zur Ritterburg Falkenstein. Damals wusste ich ja noch nicht, dass Anja und ich beinahe nie mehr in unsere Zeit zurückgekommen wären.

Mein Ritterkostüm stand mir ausgezeichnet. Und auf den Schild war ich ganz besonders stolz. Papa hatte mir beim Malen geholfen. Das Wappentier war ein schwarzer Igel, der auf zwei Beinen lief. Seine Augen funkelten angriffslustig. Die Stacheln hatte ich mit blutroter Glitzerfarbe angemalt. Anja sah aus wie ein Burgfräulein und sogar ihre Mutter hatte sich kostümiert. Denn auf Burg Falkenstein sollten Ritterspiele und ein Mittelaltermarkt stattfinden. Im Burghof wimmelte es von Leuten. Viele hatten sich verkleidet und waren fröhlich wie wir. Als wir an einem Stand mit Kräutern, Gewürzen und merkwürdigen

Früchten standen, tippte ein Ritter im schwarzen Samtmantel Anjas Mama auf die Schulter und lud sie zu einem Glas Met ein. »Wartet hier, ich bin gleich wieder da«, flötete sie und verschwand mit ihm lachend in der Menge.

»Kommt her, Ritter Igelfuß.« Eine dicke Bauersfrau mit einem Korb voller Früchte trat uns in den Weg. Dass sie mich IGELFUSS nannte, gefiel mir. »Ich hab was für euch.« Sie nahm einen Granatapfel, schnitt ihn auseinander und sagte: »Jedem die Hälfte.« Dabei schaute sie uns ganz eigenartig an.

Anja und ich kosteten von der Frucht, die innen hunderttausend Kerne hatte und uns gar nicht schmeckte. Ich wollte das Zeug ausspucken, da fiel mein Blick auf die Treppe zu den unterirdischen Wehrgängen. Schnell schluckte ich, nahm Anja an der Hand und zog sie mit. Das Gewölbe war finster und roch moderig.

»He, was soll das?« Zwei Wachen, kaum größer als Anja und ich, kreuzten ihre Lanzen vor uns. »Passwort?«, fragte der eine barsch mit tiefer Männerstimme. Ihre Bärte schienen echt zu sein. Auch die Kostüme bestanden aus brüchigen alten Stoffen, wie sie die Kleiderpuppen im Museum tragen.

»Granatapfel«, sagte ich, ohne viel zu überlegen.

Da ließen sie Anja und mich durch den niedrigen Torbogen. Wir standen wieder im Burghof. Mitten auf dem Markt. Aber irgendetwas stimmte nicht. Die Leute hatten plötzlich alle schlechte Laune und sahen abgemagert aus. Sie schleppten Körbe voller hutzliger Äpfel, glubschäugiger Fische, dürrer Reisigbündel und schrumpliger

Kohlköpfe an uns vorbei. Es stank, als hätten sie sich seit Wochen nicht mehr gewaschen, und ihre Kostüme wirkten irgendwie verstaubt. Mir fiel gleich der Schäfer auf. Er trug ein weißes Lämmchen im Arm. Unter seinen buschigen Augenbrauen blitzte er mich mit blauen Augen an. Der grimmige Mann hinter dem Holztisch schrieb etwas auf eine gegerbte Tierhaut. Dabei benutzte er eine Gänsefeder, die er in ein Tintenfass tauchte.

»Und, was habt ihr dem guten Ritter Schwarzhorn mitgebracht?«, schrie er uns an. Anja und ich zuckten zusammen. Wieso mitgebracht? Ich wollte gerade antworten, dass wir nur Besucher auf dem Mittelaltermarkt wären, da dröhnte vom hölzernen Wehrgang eine garstige Stimme: »Da seid Ihr ja endlich, Jojo von Igelfuß! Stellt Ihr Euch endlich dem Zweikampf?« Der Garstige trug einen schwarzen Samtumhang. Er stürmte die Steintreppen herab, direkt auf mich zu. Ich erschrak.

»Ich will nicht mit Euch kämpfen«, rief ich ärgerlich.

»Hoho!«, begannen die Männer rund um uns herum zu lachen. »Stellt Euch! Oder Ihr landet als Rattenfraß im Kerker.« Jetzt bekam ich aber doch Gänsehaut. Und Anja flüsterte: »Der meint es ernst, Jojo. Lass uns abhauen!« Nur, wohin? Die Männer hatten einen Kreis um uns gebildet, dicht wie eine Dornenhecke.

»Legt Eure Rüstung an. Ich erwarte Euch auf dem Turnierplatz«, zischte Ritter Schwarzhorn. Dann zog er ab. Und seine Männer mit ihm.

Da trat plötzlich der Schäfer mit
dem Goldstab auf uns zu und sagte: »Fasst nur Mut!
Mein Name ist Neofrastus. Ich weiß, wer Ihr seid und
dass Ihr aus der Zukunft kommt, Ritter Jojo. Folgt mir.«
Der Schäfer hob seinen goldenen Stab. Schon standen
wir in einem prächtigen Zelt auf dem Turnierplatz. Dort
berührte mich Neofrastus und murmelte etwas. Plötzlich
trug ich eine richtige Ritterrüstung. Mein Holzschild war
aus schwerem Metall, und der Igel funkelte angriffslustig mit den Augen. Auch das Schwert war echt. »Bringt
Itzeblitz vor das Zelt, Dame Anja«, sagte Neofrastus und
reichte Anja das Lämmchen. Anja tat es, und als ich die
Zeltvorhänge beiseiteschlug, wieherte neben Anja ein
mutiger, feuriger Schimmel. Spätestens jetzt war klar:

Neofrastus war
ein mächtiger Zaube-
rer. Ein Glück, denn schon sprengte Ritter Schwarzhorn
auf seinem schwarzen Ross heran. »Wartet nur, Igelfuß,
Euer Ende naht!«, brüllte er. Im Nu saß ich auf Itzeblitz,
hielt eine Lanze in der Hand und trabte ihm entgegen.
Krawumms! Schwarzhorns Lanze traf mit voller Wucht
meinen Schild. Ich schwankte, und Itzeblitz schnaubte.
Aber ich blieb im Sattel. Der Igel auf meinem Schild war
ein bisschen eingebeult, doch er funkelte unerschrocken
mit den Augen. Rasch drehten wir die Pferde und ritten
erneut aufeinander zu. Doch nun goss es plötzlich eiskalt
aus heiterem Himmel. Zauberregen! Er verwandelte den
Kampfplatz in eine Eisbahn! Schon schlingerte das
schwarze Ross auf mich zu. Es wieherte erbärmlich,
rutschte aus und prallte gegen das Holzgeländer.
»Verdammtes Blitzeis!«, kreischte Schwarzhorn, bevor

ich ihn mit meiner
Lanze rammte. Blitz-
eis? Zauberei! Schwarzhorn
hing bereits seitlich am Sattel sei-
nes Pferds. Trotzdem gab er nicht auf. Er höhnte
siegesgewiss. »Glaubt ja nicht, dass Ihr so davon-
kommt, Igelfuß!« Also ritt ich noch einmal auf ihn zu.
Die Hufe von Itzeblitz krallten sich dabei ins Eis, als
hätten sie Spikes. »Erbarmen!«, rief Schwarzhorn, als
er meine Lanze auf sich zukommen sah. In letzter Sekunde ließ ich sie fallen und zog das Schwert aus der
Scheide. Damit trennte ich Schwarzhorns Steigbügel
durch, in denen er jetzt Hals über Kopf mit den Eisen-
schuhen festhing. *Plumps!* platschte er aufs Eis. Wie
ein Pinguin schlitterte er auf seinem Brustpanzer um-
her und ruderte mit den Armen. »Gewonnen, Ritter Jojo von Igelfuß!«, riefen viele, viele Stimmen, denn das
Turniergelände hatte sich gefüllt. Auch Anja saß auf

einer Tribüne zwischen edlen Damen und jubelte. »Ein Hoch auf Ritter Igelfuß! Lang lebe Ritter Igelfuß!« Ich ritt an der Tribüne entlang und winkte. Als ich mich von Itzeblitz' Rücken schwang, überreichte Anja mir wie ein echtes Burgfräulein den Siegeskranz. »Hast du gemerkt, dass Itzeblitz' Hufe Stacheln haben wie ein Igel?«, flüsterte sie. »Das hat Neofrastus gezaubert, genau wie das Eis.«

»Mir reicht's von dieser Zauberwelt. Wie kommen wir bloß zu unseren Eltern zurück?«, entgegnete ich. Anja lächelte und reichte mir eine zerquetschte Granatapfelhälfte. Kaum hatten wir in die Frucht gebissen, standen wir wieder am Treppenaufgang zu dem ganz gewöhnlichen Mittelaltermarkt. »Da seid ihr ja!«, rief Anjas Mutter vergnügt. »Herr Schwarzhorn lädt uns ein zum Waffelessen. Habt ihr Hunger?«

»Schwarzhorn?« Anja und ich guckten uns an und lachten vergnügt.

Ritter Robert von der Delle und Ferdinand vom Feigenbaum

Raubritter Robert von der Delle hockte am Kamin in seiner Burg, hoch über dem finsteren Dellenwald. Um die Burgmauern herum heulte der Sturmwind laut. Der Wetterhahn kreiselte wild. Dabei quietschte und kreischte er, dass Roberts Leute sich die Ohren zuhielten und vor Angst mit den Knien schlotterten. Robert von der Delle fürchtete sich nicht. Er gähnte sogar.

Dann schlürfte er den letzten Schluck Wein aus seinem zerbeulten Helm. »Mist«, schrie er und schleuderte den Helm auf die Steinfliesen, dass es schepperte. »Mist! Das war der letzte Tropfen. Von nun an muss ich Wasser trinken wie ein Ochse. Das kommt davon, wenn man nicht mehr rauben und kämpfen darf! Was war ich dumm! Warum nur bin ich ein braver und edler Ritter geworden?

Früher, ja, da war es herrlich! Da habe ich die reichen Kaufleute überfallen und ihre Schätze geraubt. Brav sein ist langweilig, und reich wird man auch nicht davon. Ich hätte große Lust, wieder einmal in meinem Dellenwald so richtig wild zu toben. Und gerade jetzt, bei diesem Sturm verlockt es mich. Leute!«, schrie Robert, »Schärft meine Streitaxt! Wir reiten noch heute Nacht in den Dellenwald. Wir rauben jeden aus, der uns begegnet!«

»Bi-bi-bi. . .«, stammelten Roberts Leute. »Bi-bitte nicht! Die Wölfe heulen, und der Sturm tost.«

»Ach was, ihr Angsthasen«, schrie Robert. »Her mit meiner Streitaxt! Sattelt mein schwarzes Ross Schnaubi! Ich reite allein! Aber glaubt ja nicht, dass ich meine Beute mit euch teile, ihr Schlottermänner!«

Damit schwang sich Robert auf Schnaubi, sein tapferes Ross. Schnaubi wieherte, und dann schnaubte es und trabte los.

Im Dellenwald bogen sich die Baumwipfel, die Wölfe heulten, und plötzlich zuckte ein so greller Blitz über den Himmel, dass es taghell wurde. Gleich darauf krachte und splitterte es. Der Sturm hatte eine Tanne umgerissen und mitten auf den Waldweg geschleudert.

»Potz und Hagel, was für ein Wetter!« Robert lachte nur, und Schnaubi schnaubte. Dann stürmten sie über Stock und Stein dorthin, wo die Tanne lag.

Da trabte ihnen eine braune Stute entgegen. Sie zitterte vor Schreck und rief in Pferdesprache: »Die Kutsche ist umgefallen, kommt schnell. Helft uns!«

»Ruhig Blut«, wieherte Schnaubi. »Wir sind ja gleich da!« Unter einem Tannenwipfel lag wirklich eine goldfarbene Kutsche. Leider war sie sehr kaputt. Und die Reisenden riefen um Hilfe und jammerten.

»Ach, die Armen!«, rief Robert. »Zum Glück bin ich ein edler Ritter. Ausrauben gilt nicht! Wartet, ich helfe euch!« Er sprang von Schnaubis Rücken und schwang seine Streitaxt. Mit gewaltigen Hieben hackte er die Tanne kurz und klein. Er schleuderte die schweren Äste beiseite und kam ganz schön ins Schwitzen.

»Teufel noch mal, Robert, alter Freund! Du machst ja eine Höllenarbeit!«, tönte da plötzlich der Raubritter Ferdinand vom Feigenbaum. Und schon sprang er von seinem Pferd Raubi. »Ich musste unbedingt bei diesem Wetter in den Dellenwald. Genau wie du! Und jetzt helfe ich dir natürlich. Eins, zwei, drei – los!« Hoch schwang Ferdinand seine Streitaxt, und die Äste flogen nur so zu beiden Seiten.

Zu zweit schafften sie es viel schneller. Im Nu war die Kutsche frei.

Die Raubritter stemmten sie mit ihren Bärenkräften auf die Räder. Sie befreiten den reichen Kaufmann, seine Frau und die beiden Kinder. Zum Glück lebten alle vier. Sie hatten nur ein paar Schrammen und Beulen. Und vor Schreck waren sie sehr blass und zitterig. »Seid ihr böse oder liebe Ritter?«

»Sperrt ihr uns jetzt ein?«, fragten die Kinder ängstlich.

Aber die Raubritter lachten nur. Und Robert reckte seine dicke Nase in die Luft und klopfte sich auf den zerbeulten Brustpanzer: »Ich hab doch schon gesagt, dass ich ein edler Ritter bin.«

»Und ich erst!«, rief Ferdinand angeberisch. Dass auch er eigentlich gerne Leute ausraubte, gab er nicht zu.

Robert und Ferdinand hoben die Kinder vor sich auf

Schnaubi und Raubi. Der Kaufmann und seine Frau ritten auf der braunen Stute hinauf zur Dellenburg.
Dort pflegten Roberts Leute die ganze Familie gesund.
Der reiche Kaufmann aber schenkte den Rittern zwei Fässer voll rotem Wein und jedem einen ganzen Sack voller Goldstücke. So dankbar war er, dass Robert von der Delle und Ferdinand vom Feigenbaum ihn und seine Familie in der Sturmnacht gerettet hatten.

So ein Riesen-Lärm!

Der Riese Rabuster war unglücklich. Immer, wenn er seiner Angebeteten Geschenke brachte, sagte die Riesin Rierunkel bloß: »Bah, Rabuster! Hast du keine besseren Einfälle? Pferde, Pferde und nochmals Pferde, ich kann sie nicht mehr sehen!«

Leider hatte Rierunkel nicht ganz unrecht, denn der Riese Rabuster schenkte ihr tatsächlich immer nur Pferde. Er band sie zusammen wie einen Blumenstrauß und achtete darauf, dass es ein schön bunter Strauß war: Araber, Schimmel und andalusische Pferde band er aneinander und überreichte sie Rierunkel mit einer feierlichen Verbeugung. Rierunkel band die Tiere auseinander und steckte sie in ein Gehege vor ihrer Höhle. Das hatte Rabuster eigens dafür gebaut.

Im Königreich Alania, wo die Riesen hausten, wurden

Gäule und Mähren allmählich knapp und viele Ritter zogen bereits zu Fuß durch die Lande. Im Riesen-Gehege hingegen war kaum noch Platz für neue Tiere. Der König von Alania machte deshalb eine öffentliche Kundgebung:

»Wer es schafft, dass die Riesen nicht länger unsere Pferde klauen, dem gebe ich meine Tochter zur Frau.«

Das hörte auch Mikkel van der Bloem. Mikkel war der Sohn des berühmten Minnesängers Armin van der Bloem, und obwohl er noch ein Kind war, konnte er schon gut singen und acht Instrumente spielen. Er ritt auf einem Pony als fahrender Spielmann durch das Königreich Alania. Als das Pony eine Pause brauchte, band

Mikkel es an einen Baum. Er selbst lehnte sich an einen Felsen. Auf der Laute spielte er ein paar sachte Klänge und sang dazu leise.

»Ach, wie schön«, grollte und donnerte es hinter dem Spielmann. Es war gar kein Felsen, an dem er lehnte, sondern der Riese Rabuster! Er war groß wie eine Burg. Erschrocken sprang Mikkel auf.

»Tu mir nichts, oh Riese«, sagte er. »Und bi-bitte, bitte, lass mir mein Pony!«

»Das blöde Pferd kannst du behalten«, murmelte Rabuster und vergrub seinen Kopf in den riesigen Händen. »Ich wünschte, ich könnte so wunderschön singen wie du! Bestimmt würde ich dann Rierunkels Herz gewinnen. Ich glaube nämlich, sie mag überhaupt gar keine Pferde. Buhu!«

»Wenn ich dir das Singen beibringe«, sagte Mikkel, »lässt du dann die geklauten Pferde frei?«

»Klar doch!« Rabuster strahlte. »Kann ich denn wirklich singen lernen?«

»Jeder kann singen lernen«, behauptete Mikkel. »Sing mir einfach nach!«

Und schon fing er an:

»Die Lie-be ist ein zar-tes Bla-ha-tt,

bringt Glück dem Ritter, der sie ha-hat«, sang Mikkel.

»Döh Lööh-bööh üüst ooin zar-töös Bluuuut«, begann

Rabuster zu grölen. Mikkel ließ fast die Laute fallen, so grauenvoll klang es, und das Pony wieherte furchtsam.

»Weiter so«, log Mikkel. »Wunderschön!«

»Meinst du wirklich?« Rabuster fühlte sich geschmeichelt. »Komm, wir gehen zu Rierunkels Höhle!«

Tatsächlich tat der Riese Rabuster, was er versprochen hatte: Er ließ alle Pferde frei. Einige von ihnen kehrten zurück zu ihren Koppeln, andere lebten als Wildpferde. Auch der König hielt sein Versprechen und gab Mikkel seine Tochter zur Frau.

Von nun an sang der Riese Rabuster jeden Abend die schrecklichsten Lieder, sodass die Berge wackelten und die wenigen Fenster im Königreich Alania klirrten. Doch die Riesin Rierunkel fand den Gesang gar nicht schrecklich. Sie fand ihn sogar wunderschön und verliebte sich in den Riesen Rabuster. Nie wieder haben die beiden irgendeinen Menschen belästigt, so sagt man. Außer natürlich durch Rabusters Gesang.

Jutta Langreuter

Piratengeschichten
für 3 Minuten

Arena

Das Seeungeheuer

Das Meer ist ruhig, ein leichter Wind weht, und die drei kleinen Piraten Oliver, Moritz und Püppi genießen das Leben auf See.

Oliver deutet auf das Meer: »Dahinten sind ganz viele Möwen – hört mal, wie sie kreischen!«

»Möwen kreischen doch immer.« Moritz putzt sich die Brille.

»Sie kommen immer näher«, stellt Oliver fest.

»Sie verfolgen einen Fischschwarm.« Püppi hat mehrere Garnrollen in der Hand. Welche Farbe soll sie nehmen, um die Piratenflagge zu flicken?

»Aber irgendwas ist komisch«, sagt Oliver, »da ist was Großes, Dunkles im Meer.«

»Ja, der Fischschwarm«, lacht Moritz. »Wenn ich jetzt nicht gerade so faul wäre, würde ich die Angel holen, und . . . was ist denn los, Oliver?«

Oliver ist ganz blass geworden. Mit schreckgeweiteten Augen zeigt er auf das Meer.

Püppi dreht sich um. »Da ist gar nichts«, sagt sie.

»W-w-weil es gerade wieder u-u-untergetaucht ist«, stottert Oliver.

»Was denn?«, fragen Moritz und Püppi gleichzeitig.

»Das . . . das Seeungeheuer«, stammelt Oliver, »da wo die Möwen sind, da . . . da . . .«

Wieder schauen Moritz und Püppi auf die Stelle, auf die Oliver zeigt.

Sie sehen nur die Möwen.

»Oliver, bist du krank?«, fragt Püppi besorgt. »Da ist kein Seeungeheuer und gar nichts.«

»Weil es wieder untergetaucht ist«, jammert Oliver, »wie sollen wir uns retten . . .«

»Aaaah!«, schreien Moritz und Püppi gleichzeitig.

Etwas Riesiges ist aufgetaucht, direkt neben ihrem Schiff! Ein Monster, ein Seeungeheuer!

Es ist ungefähr genauso lang wie ihr Schiff. Sein grüner, schuppiger Schlangenkörper mit vier verkümmerten Beinchen dran mündet in einen großen, wassertriefenden Kopf mit einer roten, fächerförmigen Flosse obendrauf!

Als das Ungeheuer sie mit zwei großen Katzenaugen anschaut und sein Maul mit unzähligen spitzen gelben Fangzähnen öffnet, rast Oliver in die Kombüse. Moritz klettert die Wanten hoch.

Und was macht Püppi?

Sie zieht ihr Piratenmesser.

»Hach«, zischt das Ungeheuer und stellt seine Kopfflosse auf, »immer dasssselbe!«

Das Seeungeheuer kann reden!

»Was ist immer dasselbe?«, fragt die mutige kleine Püppi, das Piratenmesser in der Hand.

»Alle haben Angssst vor mir!«, seufzt das Seemonster.

»Mit deinem Maul schluckst du uns ja auch mit einem einzigen Happs runter«, schimpft Püppi, »und da soll man keine Angst haben!«

Kampfbereit steht sie da.

»Sssteck deine Waffe weg«, zischt das Monster, »ich fressse doch nur Algen!«

»So siehst du aber gar nicht aus«, ruft Moritz vom Mastkorb herunter.

»Das issst es ja« – das Monster macht einen gurgelnden
Seufzer – »ich sssehe ganz andersss aus, alsss ich bin.
Wasss für ein Unglück!«

Oliver ist jetzt aus der Kombüse gekommen. »Und wie
heißt du?«, fragt er.

Mit seinen zwei feinen, länglichen Zun-
gen blubbert und prustet das Monster, sodass Moritz' Brille beschlägt.
Es klingt wie »Pschschrrr«.

»Ist das dein Name?«, fragt
Püppi.

»Ja, so heiße ich«, sagt
das Monster.

»Ich glaube, wir nennen dich lieber Bobby«, bestimmt Püppi.

Moritz und Oliver sind herbeigekommen und staunen Bobby an.

»Ja, schaut nur«, klagt Bobby, »ich weisss, dasss ich sssehr hässslich bin.«

»Aber nein!«, ruft Püppi, »deine Flossen sind so schön grün! Und die rote Flosse am Kopf sieht richtig verrückt aus!«

»Aber meine gelben Zähne«, jammert Bobby. »Immer sind da Algen und Muschelstückchen drin, ich trau mich ja kaum, dasss Maul aufzumachen!«

Da holt Oliver die Scheuerbürste, und gemeinsam putzen sie Bobby die Zähne.

»Ihr seid echte Freunde!«, ruft Bobby glücklich. »Ich komme wieder!«

Die Schatzkiste

Püppi, Oliver und Moritz putzen ihre Degen und Messer, wie sich das für richtige Piraten gehört. Püppi seufzt: »Ich will endlich einen Schatz erbeuten!«

»Vieles, was wir von zu Hause mitgenommen haben, ist eigentlich sehr wertvoll«, sagt Moritz.

»Ja, das ist bereits ein Schatz«, meint Oliver.

»Überlegt mal«, sagt Moritz, »das ist gefährlich, immer damit rumzufahren! Andere Piraten könnten uns das alles mal abnehmen! Der Große Ben mit seinen Männern zum Beispiel!«

»Niemals bekommt der die Meerschaumpfeife von meinem Opa!«, ruft Oliver.

»Und den schönen Bernsteinring von Tante Lulu will ich auch behalten!«, erklärt Püppi.

»Und ich den kleinen silbernen Elefanten aus Indien und das Nähzeug von diesem alten Seemann damals«, seufzt Moritz.

»Das ist aber gar nicht wertvoll«, meint Oliver.

»Aber eine schöne Erinnerung!«, sagt Moritz.

»Komisch, all diese Sachen haben wir nicht geraubt«, meint Püppi.

»Wir sind ja noch Anfänger«, tröstet Oliver.

Wohin also mit ihrer kleinen Schatzkiste, in der alle diese Sachen drin sind?

Ganz klar: Sie muss vergraben werden, auf der nächsten Insel, an der sie vorbeikommen. Wer kann am besten malen? – Oliver. Der malt die Schatzkarte dazu.

»Da – die Möweninsel!«, ruft Püppi vom Mastkorb herunter. »Kurs Nordwest!«

Die drei kleinen Piraten legen am Strand an, holen die Schatzkiste unter der kaputten Holzbohle neben dem Kajüteneingang hervor und nehmen einen Spaten, Tinte und Pergamentpapier mit. Unter einer einsamen Palme, neben vielen großen Steinen, buddeln sie ein tiefes Loch, stellen die Kiste hinein und schaufeln alles wieder mit Erde zu.

»Hast du dir alles gemerkt?«, fragt Püppi Oliver. »Jetzt musst du es gut aufzeichnen, damit wir den Platz wiederfinden.«

Oliver zeichnet die Insel, die Möwen, die
Steine, die einsame Palme, den Berg
dahinter und die drei Gummibäume
davor ein.

Da, wo der Schatz liegt, malt er ein dickes Kreuz.
Dann zerreißt er das Papier in drei Stücke.
»Spinnst du!«, ruft Püppi. »Unsere schöne Schatzkarte!«
»Das ist doch alter Piratenbrauch«, erklärt Moritz. »Jeder bekommt ein Stück Karte, und wenn wir drei zusammen sind, können wir die Stücke zusammenlegen
und den Schatz wiederfinden.«

»Klasse! Wenn irgendein fremder Pirat einen von uns gefangen nimmt, kann er mit dem einen Stück Karte gar nichts anfangen«, sagt Püppi begeistert.

Die drei kleinen Piraten gehen zu ihrem Schiff zurück. Da dreht sich Püppi noch mal um.

»Nein!«, ruft sie. »Der Affe da! Der gräbt gerade unseren Schatz aus! Der hat uns zugeschaut und macht uns jetzt nach!«

Schnell laufen sie zurück, aber es ist zu spät: Der Affe hat die kleine Kiste schon aus der Erde geholt und klettert damit auf einen Baum.

»Das gibt's doch nicht!« Moritz muss lachen. »Erst haben wir Angst, dass Piraten uns unseren Schatz abnehmen, und jetzt macht's ein Affe!«

Sie schütteln die Palme ein bisschen, aber der Affe bleibt kreischend auf dem Baumwipfel sitzen, die kleine Kiste unter dem Arm.

»Ich habe eine Idee«, sagt Püppi. »Wir nehmen jetzt jeder einen großen Stein und werfen ihn auf den Boden, immer wieder!«

Und wieder macht der Affe es ihnen nach: Er wirft die Schatzkiste, wie sie die Steine.

Sie fällt auf den Boden. Schnell läuft Oliver hin und holt sie. Die drei kleinen Piraten laufen zu einer anderen Stelle auf der Insel, vergraben die Kiste dort und machen auf der Schatzkarte ein zweites Kreuz.

Moritz dreht sich um. »Oh nein!«, ruft er. Der Affe ist ihnen gefolgt.

»Wir müssen ihn fangen«, beschließt Püppi.

Püppi lenkt den Affen ab, während Moritz und Oliver sich von hinten an ihn anschleichen und . . .

»Wir haben ihn!«, rufen sie. »Was jetzt?«

»Wir nehmen ihn mit«, entscheidet Püppi, »und nennen ihn Coco.«

Die Flaschenpost

Die drei kleinen Piraten Oliver, Püppi und Moritz liegen an Deck in ihren Hängematten. Oliver schaut Moritz beim Lesen in einem Buch zu.

Eigentlich sind Bücher Quatsch, denkt Oliver, aber ein bisschen ärgert er sich doch, dass Moritz lesen kann und er nicht.

»He«, sagt er zu Moritz, »du bist mit Deckschrubben dran!«

Moritz steigt seufzend aus seiner Hängematte.

Da entdeckt er etwas im Meer. »Hier schwimmt etwas«, ruft er.

Schnell haben sie es herausgefischt. Es ist eine Flasche, in der ein Stück Papier steckt.

»Eine Flaschenpost«, jubelt Moritz.

»Lies mal«, sagt Oliver und denkt: Gott sei Dank kann Moritz lesen!

Auf dem Zettel steht: »Hilfe! Mein Schiff ist bei der Felseninsel gestrandet! Holt mich hier weg! Theodor.«

Alle kennen die Felseninsel. Niemand betritt sie gerne, weil man wegen der Felsen und unterirdischen Riffe dort kaum ans Ufer kann.

Aber die drei wagen es und bringen ihr Schiff zwischen den Riffen, die die Nachmittagssonne unter Wasser gut beleuchtet, an Land.

Sie sehen sofort Theodors Schiffswrack.

»Hoffentlich finden wir ihn«, sagt Püppi.

Moritz überlegt laut: »Eigentlich sind wir aber keine Retter, sondern Piraten. Habt ihr das vergessen?«

»Piraten können auch mal retten«, meint Oliver, »Schiffbrüchigen muss man helfen«, und springt an Land.

Und schon bald finden sie Theodor! Der bärtige junge Mann in zerlumpten Kleidern freut sich sehr, dass sie seine Flaschenpost gefunden haben.

»Theodor, hol deine Sachen«, sagt Oliver, »jetzt kannst du endlich hier weg!«

»Ach«, lacht Theodor, »eigentlich will ich gar nicht mehr weg! Ich hab hier Freunde gefunden!«

Er zeigt auf den Palmenwald. Dort stehen drei Eingeborene, die die drei kleinen Piraten anlachen.

»Setzt euch«, Theodor bietet jedem von ihnen eine saftige Mango an. »Wisst ihr, warum ich hier überhaupt gestrandet bin?«, erzählt er. »Ich bin vor Piraten geflohen! Ja, hier gibt's Piraten! Da kam so ein Piratenschiff mit Piratenflagge . . .«

»Lila mit Rot?«, fragt Püppi, denn das könnten ihre Eltern gewesen sein.

»Nö, Schwarz mit Weiß«, sagt Theodor, »und als ich vor dem Schiff floh, bin ich auf dieser Insel auf das Riff gelaufen, und mein Schiff war kaputt!«

»Hattest du denn so viele wertvolle Sachen dabei, dass du fliehen musstest?«, fragt Oliver interessiert.

»Nein, gar nicht«, sagt Theodor, »aber ich habe einfach

Angst vor Piraten! Anfangs war es furchtbar auf der Insel«, fährt er fort. »Ich hatte kein Wasser zum Trinken. Gott sei Dank haben Juma, Sombo und Omari« – er deutet auf die Eingeborenen – »mich gefunden. Wir haben solchen Spaß hier! Wir fischen jeden Tag, und schaut mal, was für herrliche Mangos hier wachsen! Und die vielen Felsen vor der Insel bieten Schutz gegen Piraten, da traut sich keiner her!«

Moritz räuspert sich: »Wir sind aber eigentlich Piraten, und wenn wir dich nicht retten sollen, dann ... dann ...«

Ungläubig fragt Theodor: »Ihr seid Piraten?« Dann muss er kichern: »Vor euch hab ich aber keine Angst!«

Sofort kichern Juma, Sombo und Omari mit.

Püppi kichert auch.

Aber Moritz und Oliver schweigen gekränkt.

»Hab ich was Falsches gesagt?«, fragt Theodor verlegen, »tut mir leid . . . Da ihr meine Flaschenpost gefunden habt und extra hergekommen seid . . . äh – könnt ihr mich gerne ausrauben«, sagt er tröstend.

»Wenn wir ausrauben dürfen, macht es keinen Spaß«, seufzt Moritz.

»Es ginge leichter, wenn wir ein bisschen kämpfen würden –«, überlegt Oliver.

Wieder lachen die Eingeborenen. Auch Püppi lacht: »So klappt es nicht, wir lassen das«, schlägt sie vor, »Theodor ist viel zu nett!«

»Moment«, meint Theodor, »auch wenn ihr keine Piraten wärt, hätte ich euch was mitgegeben, ich hab noch so viel Kram von meinem Schiff, wartet mal . . .«

Er geht in eine Hütte und kommt mit mehreren Sachen wieder heraus: »Hier ein Kompass, eine Matrosenmütze, eine Seekarte, zwei Bücher, ein Bild mit einer Möwe drauf . . .«

»Danke!«, rufen Moritz, Püppi und Oliver gleichzeitig.

»Noch etwas?«, fragt Theodor.

»Ganz viele Mangofrüchte«, lacht Püppi.

Christa Zeuch

Mutgeschichten
für 3 Minuten

Arena

Die kaputte Vase

Fabio und Frau Brunner sind die letzten Patienten im Wartezimmer. Frau Brunner ist Fabios Mutter. Sie hat knallrote Haare und riecht nach Parfüm. Fabio findet, das ganze Wartezimmer riecht nach Mamas Parfüm. Und das ist gut so. Sonst riechen Wartezimmer meistens so grässlich nach Arzt und Medizin.

Heute muss Fabio nicht zum Arzt, sondern Mama. Fabio braucht nur auf sie zu warten.

»So, Frau Brunner, kommen Sie!«, ruft Doktor Klauer nun seine Mama. Und zu Fabio sagt er: »Dauert nicht lange.«

Es dauert aber doch lange, findet Fabio. Die ganze Zeit hört er Doktor Klauer mit seiner Mama leise reden. Und weil es lang und länger dauert, wird es Fabio lang und langweiliger.

Zuerst guckt er in die Spielkiste unter dem Kindertisch. Tss, alles nur Babykram. Bauklötze. Eine Holzeisenbahn. Er hat zu Hause eine elektrische! Und dann sind da noch Pappbilderbücher mit doofen Bildern.

Er rückt einen Stuhl ans Fenster und steigt darauf. Nicht mal rausgucken kann er. Das Fensterbrett ist voll mit Grünpflanzen. Die sehen kringelig aus wie Sauerkraut. In der Mitte steht eine leere Vase aus blauem Glas. Fabio rückt einen Blumentopf zur Seite. Hau ruck! Der Topf macht einen prachtvollen Rutsch und – klirr, knallt er gegen die blaue Vase. Auwei . . .

Entsetzt starrt Fabio auf den langen Sprung. Er dreht die Vase, bis der Sprung aus dem Fenster guckt. Und da bleibt ihm fast das Herz stehen: Vorne ist aus der Vase sogar ein dicker Glasbrocken gebrochen.

Fabio atmet heftig. Gleich wird Doktor Klauer ihn zur Schnecke machen!

Vielleicht merkt er es auch erst, wenn Mama und Fabio schon weg sind. Aber dann ruft er Mama bestimmt an. Und dann muss sie viel Geld bezahlen. Jetzt kullern blanke Kügelchen aus Fabios Augen.

Als Mama endlich kommt, ruft sie erschrocken: »Nanu, was ist denn passiert?«

Doktor Klauer fragt: »Du hast wohl Angst gehabt, deine Mutti will nichts mehr von dir wissen?«

Fabio schüttelt den Kopf. Dann drückt er sich ganz fest an Mama.

Doktor Klauer hockt sich zu ihm herunter. »Junger Mann, nun mal raus mit der Sprache. Hast du etwa die Hosen voll?« Er schnüffelt wie ein Hund an Fabios Hinterteil.

Da muss Fabio lachen. Und gleichzeitig weinen. Erst schielt er zur Vase hin. Dann schielt er zu Doktor Klauer hin.

»Ich wollte . . .« Nein, das traut er sich doch nicht zu sagen.

»Was wolltest du?«, fragt Doktor Klauer.

»Bloß rausgucken.«

»Ahaaaa!« Doktor Klauer nimmt die Vase und hält sie gegen das Licht.

Fabio wird es angst und bange, gleich kommt die Strafe.

Aber – Doktor Klauer kichert vergnügt. »Na endlich!«, sagt er. »Danke, Fabio. Du hast ein gutes Werk getan. Dieses scheußliche Ding wollte ich schon längst mal rausschmeißen.«

Fabio macht nur den Mund auf und guckt Doktor Klauer an, als hätte der sich plötzlich in eine gute Fee verwandelt.

Herr Winzig und die Räuber

Kennst du den winzigen Herrn Winzig? Er wohnt im allerletzten Haus hinter dem Dorf, direkt am Wald. Sein Haus ist ebenfalls winzig klein. Deshalb hast du es vielleicht noch nicht entdeckt.

Einmal wachte Herr Winzig mitten in der Nacht auf. Und da hörte er deutlich, wie jemand um sein Haus schlich. Knicker, knacker, knirsch.

Herr Winzig bekam einen riesengroßen Schreck. Er schlotterte, als hätte er Grippe und Fieber. Aber von Grippe und Fieber kam das nicht, sondern von seinem Schreck.

Das ist bestimmt ein Räuber, dachte Herr Winzig aufgeregt. Heiliger Bimbam, was mache ich jetzt nur? Der Halunke wird mein Häuschen ausrauben. Der will wohl mein kleines grünes Fahrrad stehlen. Und meinen Ku-

103

schelbademantel. Den Vanillepudding aus dem Kühlschrank. Und meine rot karierten Filzpantoffeln. Aber das könnte dem so passen!

Auf Zehenspitzen schlich Herr Winzig zum Küchenfenster. Da! Jetzt hörte er es genau: Draußen murmelten tiefe Räuberstimmen.

Ihm rutschte das Herz in die Hose. Vorm Haus trieb sich nicht nur *ein* Räuber herum. Es war eine ganze Räuberbande!

Herr Winzig holte tief Luft. Dann machte er sich mit fünf Kniebeugen fit. Und dann sagte er: »Ha, jetzt könnt ihr was erleben, elendes Räuberpack!«

Leise holte er aus der Rumpelkammer einen Besen, Farbe, Pinsel und die Taschenlampe. Dann trug er sein Kopfkissen auf den Küchentisch.

Den Kopfkissenbezug bemalte er mit einer schauerlichen Monsterfratze. Die sah so schrecklich aus, dass er fast selber das Grausen kriegte.

Er schob den Besen und die leuchtende Taschenlampe in den Bezug des Kopfkissens. Nun glühte das große, grässliche Monster und sah äußerst gefährlich aus.

Geräuschlos öffnete Herr Winzig sein Küchenfenster. Er hob langsam das Besenstiel-Kissen-Monster in die Höhe und brüllte: »Huaaaaah, ihr frechen Kerle! Euch fresse ich die Ohren ab!«

Wiek, wiek, grumpf, grumpf, bölk, bölk! Die Räuber
kreischten und quiekten vor Schreck wild durcheinander und rannten auf die Straße.

Aber . . . halt mal!

Herr Winzig kniff die Augen zusammen. Was für seltsame Räuber sah er im Schein der Straßenlaternen? Sie
flohen auf vier Beinen und hatten – Ringelschwänze!

Flugzeug-Fahrstuhl

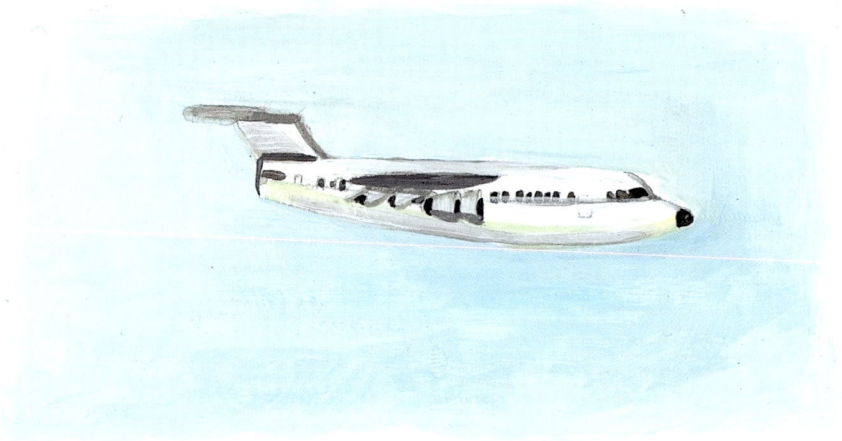

Schorschi fand Flugzeugfliegen toll. Aber Mama fand
das überhaupt nicht toll. Mama war eine richtige Angst-
hasen-Mama. Sie kriegte vor Angst feuchte Hände. Sie
klammerte sich am Sitz fest. Sie seufzte andauernd und
kniff immer wieder die Augen zu.

»Guck mal, da unten!«, sagt Schorschi begeistert. »Eine
supertolle graue Wolkenburg!«

»Oje«, stöhnte Mama und guckte lieber auf ihren Schoß.

»Und da ganz vorne, da wird es schwarz!«, rief Schorschi. »Wir fliegen genau in eine schwarze Höhle rein.«

»Das merke ich schon«, jammerte Mama.

Sie hielt sich noch ängstlicher an den Armlehnen fest.
Denn jetzt ratterte und wackelte das Flugzeug. Und
plötzlich sauste es wie ein Fahrstuhl
ein Stockwerk abwärts.

Darüber musste Schorschi laut lachen, denn es kribbelte so lustig im Magen. Mama griff vor Schreck nach Schorschis Hand. Sie sah ganz blass aus.

Draußen stürmte es. Die Flugzeugflügel zitterten und schwankten auf und ab. Aber alle Passagiere waren festgeschnallt. Sie konnten nicht durcheinanderkugeln.

Auf einmal war es, als würde das riesige Flugzeug mit allen Leuten drin vom Wind hochgehoben. Und dann kriegte es wieder einen Absacker.

Schorschi quietschte vor Vergnügen.

Der ältere Herr vor ihm drehte sich um. »Hallo, das wird eine lustige Seereise!« Er reichte Schorschi ein Bonbon nach hinten. »Hier wackelt es ja wie auf einem Schiff.«

»Danke!«, sagte Schorschi. »Ja, genau wie auf einem Schiff bei Windstärke – ui, wie viel könnten das sein?«

»Mindestens zehn«, sagte der Mann. »Windstärke zehn. Schade, nun hört es schon wieder auf.«

Schorschis Mama lächelte schief und blinzelte zum Fenster.

»Willst du auch mal rausgucken?«, fragte Schorschi. »Oder hast du etwa Schiss?«

»Nein, nein, ich doch nicht«, stöhnte Mama. »Solange ich neben meinem Schorschi sitze, hab ich keine Angst.«

Der ältere Herr drehte sich wieder um und lächelte Mama an. Und dann schenkte er ihr auch ein Bonbon.

Frauke Nahrgang

Geschichtenspaß
für 3 Minuten

Arena

Ein Lied für Mama Bär

Der kleine Bär hüpfte vergnügt durch den Wald und schmetterte aus voller Kehle: »Brumm, brumm, brumm!«
»Was ist das?«, fragte die Amsel von ihrem Ast herunter.
»Mein Lied!«, rief der kleine Bär stolz. »Mein Lied für Mama Bär. Ich habe es mir ganz allein ausgedacht. Ich will sie damit überraschen. Es ist doch schön, oder?«
Die Amsel legte den Kopf schief. »Nicht so richtig. Deinem Lied fehlen die hohen Noten. Hör mir zu!«
Die Amsel riss den Schnabel auf und schickte tausend glockenhelle Töne in den Frühlingshimmel. Der kleine Bär lauschte mit offenem Mund. Schließlich war der Gesang verklungen.
»Du musst noch ein bisschen üben«, riet die Amsel. Dann flog sie davon. Der kleine Bär schaute ihr nach. Ja, er würde üben. Mama Bär hatte ein schönes Lied verdient. Langsam ging er weiter und übte: »Brumm, brumm, brumm!«

Ein vorbeieilender Hase bremste scharf. »Was ist das?«, fragte er.

»Es soll mal ein schönes Lied werden«, antwortete der kleine Bär unsicher.

»Interessant!« Der Hase schnipste mit den Pfoten. »Aber ein Lied braucht vor allem eins: Rhythmus. Pass mal auf!« Der Hase stampfte auf den Boden. Dazu schlug er die Bauchtrommel und wirbelte mit den Ohren, dass dem kleinen Bären ganz schwindlig wurde. Schließlich war der Hase außer Atem. »Du musst noch ein bisschen üben!«, keuchte er. Er legte die Ohren an und raste davon.

Der kleine Bär seufzte. Zum Üben hatte er nun keine Lust mehr. Aber es musste wohl sein. Er trottete weiter und brummelte vor sich hin: »Brumm, brumm, brumm!« Der Hirsch trat auf die Lichtung. »Was ist das?«, fragte er.

Der kleine Bär jammerte: »Ich weiß nicht. Es sollte ein Lied werden.«

Der Hirsch runzelte die Stirn. »Ein Lied muss laut klingen. Das ist das Wichtigste.« Er legte den Kopf zurück und röhrte, dass die Bäume zitterten. Schließlich war der Hirsch heiser. »Du musst noch ein bisschen üben!«, krächzte er. Er reckte sein Geweih und stolzierte seines Weges.

Traurig ließ sich der kleine Bär ins Gras plumpsen. Die ganze Überei hat keinen Zweck, dachte er. Mama Bär wird kein Lied bekommen. Denn mein Lied ist und bleibt ein doofes Lied. Wütend schleuderte er einen Tannenzapfen gegen einen Baumstamm. Aber davon wurde ihm nicht besser. Der kleine Bär legte die Pfoten auf die Augen und weinte.

»He, du!«

Vorsichtig schaute der kleine Bär hoch. Vor ihm stand ein anderer Bär, genauso klein, wie er selber. Der andere hatte die Pfote hinters Ohr gelegt, als ob er lauschte. Dabei war doch alles still.

»Ich suche ein Lied«, erklärte der andere Bär. »Vorhin hat es noch jemand gesungen. Aber jetzt ist leider nichts mehr zu hören.«

Der kleine Bär nickte. »Das war bestimmt ein Lied mit ganz hohen Tönen, die sich da oben«, er zeigte zum Himmel hinauf, »mit den Wolken mischen.«

Der andere Bär schüttelte den Kopf. »Nein, so ein Lied war das nicht.«

»Dann war es eins mit einem wilden Rhythmus, von dem die Erde bebt.«

»Nein«, sagte der andere Bär. »So ein Lied war es auch nicht.«

»Jetzt weiß ich, was du meinst. Es war ein Lied so laut wie ein Orkan.«

»Nein, so ein Lied war es erst recht nicht«, sagte der andere Bär. »Schade, dass ich es nicht wiederfinden kann. Es war so schön.« Er wendete sich zum Gehen.

»Warte!«, sagte der kleine Bär. »Es ist doch nicht etwa dieses hier?«

Ganz leise stimmte er sein Lied noch einmal an.

»Ja!«, rief der andere Bär erfreut. »Genau das ist es!«

»Und du findest es wirklich schön?«, fragte der kleine Bär ungläubig.

Der andere Bär nickte. »Wunderschön!«

Dem kleinen Bären wurde vor Freude ganz warm. »Es ist ein Lied für Mama Bär«, erklärte er. Er dachte einen Moment nach, dann lachte er. »Das Lied reicht auch für zwei Bärenmamas. Wenn du willst, bringe ich es dir bei.«

»Au ja!«, sagte der andere Bär. »Dann überraschen wir Mama Bär und Mama Bär zweistimmig.«

Brüllen wie ein Löwe

Linus war noch ein kleiner Löwe. Aber er konnte schon fast alles, was große Löwen können. Er konnte sich anschleichen. Er konnte sich im Steppengras verstecken. Er konnte über die breite Felsspalte springen. Nur eins konnte er nicht. Linus konnte nicht brüllen wie ein Löwe. Oft versammelten sich die Löwen auf ihrem Felsen. Einer riss den Rachen auf und stimmte das Gebrüll an. Die anderen Löwen fielen ein. Sie brüllten, dass die Erde zitterte und der Wind vor Schreck verstummte. Nur Linus konnte nicht so brüllen. Er ließ den Kopf hängen und schämte sich.

»Kann der Junge immer noch nicht brüllen wie ein Löwe?«, fragten die anderen Löwen manchmal. Mama Löwe legte dann immer ihre Tatze schützend um Linus und sagte: »Das lernt er schon noch.« Aber sie machte sich große Sorgen. Das spürte Linus genau.

Einmal fragte Linus: »Warum müssen Löwen überhaupt so brüllen?« Papa Löwe kratzte sich hinter dem

Ohr. »Darüber habe ich noch nie nachgedacht«, sagte er. »Löwen brüllen eben. Halt, ich hab's. Löwen sind stark und gefährlich. Alle sollen sich vor ihnen fürchten.«

»Fürchtegebrüll?« Linus verzog das Gesicht. »Das mag ich nicht.«

Aber dann dachte er an Mama Löwe und sagte entschlossen: »Ich werde mich anstrengen. Heute brülle ich noch wie ein Löwe.«

Das Nashorn trabte durch die Savanne. Linus verstellte ihm den Weg und wollte brüllen wie ein Löwe. Es klang wie ein Windhauch. Das Nashorn machte einen Bogen um Linus und trabte weiter. Enttäuscht schaute Linus ihm nach. So schnell wollte er nicht aufgeben. Ich muss mich eben noch mehr anstrengen, dachte er.

Der Elefant schubberte sich an der alten Akazie. Linus baute sich vor ihm auf und wollte brüllen wie ein Löwe. Es klang wie das Rascheln der Blätter. Der Elefant drehte Linus das Hinterteil zu und schubberte sich weiter.

Egal, dachte Linus tapfer. Ich muss mich eben noch mehr anstrengen. Immer wieder versuchte Linus das Löwengebrüll. Aber es hörte sich überhaupt nicht stark und gefährlich an. Der Adler zog weiter seine Kreise. Das Nilpferd planschte weiter im Fluss. Der Affe turnte weiter an seiner Liane. Niemand fürchtete sich vor Linus. Der wollte sich Mut machen. »Heute brülle ich noch wie ein Löwe!«, flüsterte er. Aber er glaubte selber nicht mehr daran.

Es wurde dunkel. Linus taten die Pfoten weh. Den ganzen Tag hatte er sich angestrengt. Aber alles war umsonst. Linus konnte immer noch nicht brüllen wie ein Löwe. Arme Mama! Da fiel es Linus plötzlich ein: Er hätte schon längst zu Hause sein müssen. Aber wo war sein Zuhause? So weit war Linus noch nie weg gewesen. Der Urwald war fremd und unheimlich. Aufgeregt stolperte Linus durch das Gebüsch. Den richtigen Weg fand er nicht. Erschöpft kauerte er sich auf den Boden. Er hatte große Sehnsucht nach daheim. Aber vielleicht wollten Mama und Papa Linus gar nicht mehr. Vielleicht wollten sie lieber einen kleinen Löwen, der richtig brüllen konnte. Tränen kullerten Linus ins Fell. Er wischte sie weg, aber gleich rollten neue hinterher.

Plötzlich zerriss Gebrüll die Nacht. Donnerndes Löwengebrüll. Aber es klang nicht zum Fürchten. Es war das schönste Geräusch, das Linus je gehört hatte. Er sprang auf und schrie: »Mama! Papa! Hier bin ich!« Mama Löwe preschte als Erste heran.

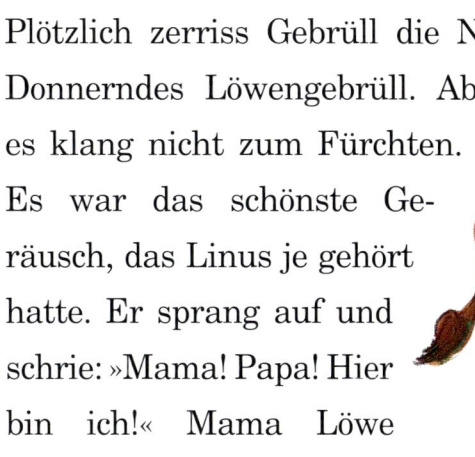

Sie umarmte Linus und lachte und weinte dabei. »Wie bin ich froh, dass wir dich wiederhaben!«, sagte Papa Löwe.

»Aber ich kann immer noch nicht brüllen wie ein Löwe«, sagte Linus. »Wir haben dich trotzdem ganz doll lieb«, versicherte Mama Löwe.

Linus durfte auf Papa Löwes Rücken reiten. Er schmiegte sich in Papas Mähne, fühlte Papas Wärme und schloss zufrieden die Augen.

In Linus' Bauch begann es zu kribbeln. Bauchweh? Nein, das Gefühl war viel schöner, viel wärmer, viel aufregender. Das Gefühl wurde größer und stärker. Es wurde so groß, dass es herausmusste. Sonst würde Linus davon zerspringen.

Linus richtete sich auf, warf den Kopf zurück und brüllte.

»Linus kann brüllen wie ein Löwe«, freute sich Mama Löwe.

»Wirklich?«, fragte Linus überrascht. »Wie kommt das?« Papa Löwe kratzte sich hinter dem Ohr. »Ich hab's!«, sagte er endlich. »Du bist glücklich. Alle sollen sich mit dir freuen.«

»Freudengebrüll?«, fragte Linus. Papa Löwe nickte. »Ich liebe Freudengebrüll! «, rief Linus. Er riss seinen Rachen auf und brüllte. Mama Löwe und Papa Löwe fielen ein. Dreistimmig brüllten sie ihre Freude hinaus in die Nacht. Und einer brüllte am lautesten: Linus.

Sonntagsüberraschung
für den Hamster

Die Maus strampelte die Decke weg und sprang aus dem Bett. Ich werde dem Hamster eine Sonntagsüberraschung bereiten, dachte sie. Ja, so etwas kann ich schon! Stolz schaute sie in den Spiegel. Groß bin ich nicht. Eher klein. Aber tüchtig!

Sie strich ihre Barthaare glatt, verabschiedete sich von ihrem Spiegelbild und hüpfte hinaus.

Der Hamster saß beim Frühstück. Als die Maus ins Zimmer kam, faltete er die Zeitung zusammen. »Schön, dass du mich mal besuchst«, sagte er und schob ihr ein Brötchen hin.

»Ich komme nicht einfach zu Besuch«, nuschelte die Maus mit vollem Mund, »ich komme in einer wichtigen Angelegenheit!«

»Da bin ich aber gespannt!«, sagte der Hamster erwartungsvoll.

Die Maus bohrte einen Gang in ihr Brötchen und rollte das Innere langsam zu einer Kugel.

»Nun sag schon!«, drängte der Hamster.

Die Maus ließ noch eine Brötchenkugel auf ihrer Zunge zergehen, ehe sie antwortete: »Weil heute Sonntag ist, werde ich dich«, sie legte ihr Brötchen auf den Teller und reckte sich, »also, ich werde dich mit einer Super-Überraschung überraschen!« Triumphierend sah sie den Hamster an. Der schwieg voll Bewunderung. »Oder glaubst du etwa, dass ich dafür zu klein bin?«, fragte die Maus.

»Aber ganz und gar nicht«, versicherte der Hamster.

Die Maus kicherte. »Und nun bist du wohl schrecklich neugierig, nicht wahr?«

Der Hamster nickte: »Schrecklich neugierig! Willst du nicht wenigstens eine klitzekleine Andeutung machen?«

Die Maus steckte den Brötchenrest in den Mund und schüttelte den Kopf. »Von mir erfährst du nichts! Sonst ist es doch keine Überraschung mehr.«

»Ist auch wieder wahr«, sagte der Hamster.

Die Maus kippelte eine Weile auf ihrem Stuhl hin und her. Schließlich sagte sie: »Kannst du mir vielleicht nur ein ganz kleines bisschen behilflich sein?«

»Was soll ich tun?«, fragte der Hamster.

»Ich brauche das Rezept für deinen Lieblingskuchen!«, bat die Maus.

Der Hamster zog das dicke Backbuch aus dem Regal und schlug die Seite mit dem Fettfleck auf. Die Maus beugte sich über das Buch und fuhr mit der Pfote unter den Zeilen entlang. Als sie bei der letzten Reihe angekommen war, sagte sie: »Habe ich dir schon erzählt, dass ich noch nicht lesen kann?«

Da putzte der Hamster seine Brille, räusperte sich und las vor: »Butter, Honig, Mehl und Eier gut verrühren, eine Stunde backen.«

Die Maus hörte aufmerksam zu. »Aha«, nickte sie, »so geht das also.« Sie drehte ihre Barthaare um die Pfote. »Da ist noch eine Kleinigkeit«, sagte sie. »Ich habe mein Taschengeld schon ausgegeben und konnte nichts mehr einkaufen.«

Da ging der Hamster in die Speisekammer und holte Butter, Mehl, Honig und Eier.

Die Maus schleckte ein wenig vom Honig, probierte das Mehl und die Butter und zählte die Eier. Aber dann verfinsterte sich ihre Miene: »Meine Mutter lässt mich nicht mehr in die Küche, weil ich gestern den Pfannkuchenteig verkleckert habe.«

»Dann arbeite hier!«, schlug der Hamster vor.

»Aber wirst du dann nicht versuchen, die Überraschung auszuspionieren?«, fragte die Maus misstrauisch.

»Bestimmt nicht!«, versprach der Hamster und steckte die Nase wieder in die Zeitung.

Die Maus warf die Zutaten in eine Schüssel und begann zu rühren. Bald tat ihr der Arm weh und sie ließ sich erschöpft auf den Stuhl sinken. Schüchtern klopfte sie an die Zeitung und fragte: »Könntest du mich wohl ein bisschen ablösen?«

Da kam der Hamster hinter seiner Zeitung hervor. Er nahm den Rührlöffel und rührte, dass der Teig hohe Wellen schlug. Die Maus steckte eine Pfote in die Schüssel und ließ sich den Teig auf die Zunge tropfen. »Einfach köstlich!«, sagte sie und rieb sich den Bauch. Sie kostete noch ein zweites Mal. Dann schaute sie den Hamster bittend an und sagte: »Ich fürchte mich vor dem heißen Backofen.«

Da schob der Hamster die Kuchenform ins Rohr, und bald zog ein herrlicher Duft durch die Küche.

Die Maus schnupperte und schloss die Augen.

»Ich kenne die Uhr nicht«, sagte sie beiläufig, »sagst du mir Bescheid, wenn die Stunde vorbei ist?« Sie aß noch ein Brötchen, trank ein Glas Milch und ließ sich vom Hamster aus der Zeitung vorlesen.

Dann war es so weit. »Der Ofen ist jetzt wohl noch heißer als eben!«, vermutete die Maus.

Da nahm der Hamster den Kuchen heraus und stellte ihn auf den Tisch. »Das wäre geschafft«, sagte die Maus stolz. »Jetzt musst du draußen warten, bis ich dich hereinrufe!«

Der Hamster ging hinaus. »Aber nicht durchs Schlüsselloch schauen, hörst du?«, rief die Maus hinter ihm her.

Sie betrachtete den Kuchen andächtig, knabberte ihn auch ein wenig an. Probehalber. Und an einer Ecke, wo es nicht auffiel. Sie strich sich die Krümel aus den Barthaaren und deckte den Kuchen mit der Zeitung zu.

»Kannst kommen!«, rief sie und machte die Tür weit auf.

»Ich wünsche dir einen schönen Sonntag!«, jubelte die Maus und zerrte den Hamster in die Küche. »Stell dir vor, ich habe eine Sonntagsüberraschung für dich! Schau mal unter der Zeitung nach!«

Vorsichtig kam der Hamster näher.

»Trau dich ruhig!«, sagte die Maus und hüpfte aufgeregt von einem Bein auf das andere.

Der Hamster zögerte noch einen Moment, dann hob er die Zeitung hoch.

»Jetzt staunst du, nicht wahr?«, fragte die Maus.

»Donnerwetter!«, sagte der Hamster. »Wo ich doch so gerne Kuchen esse. Noch dazu meine Lieblingssorte!«

»Das hättest du wohl nicht gedacht, dass ich so etwas schon kann!«, strahlte die Maus.

»Donnerwetter!«, sagte der Hamster noch einmal. »Du bist wirklich tüchtig!«

Die Maus nickte.

»Das finde ich auch!«, sagte sie glücklich und strich ihre Barthaare glatt.

Jutta Langreuter

Teddygeschichten
für 3 Minuten

Arena

In der Oper

Heute Abend ziehen sich Mama und Papa fein an und gehen in die Oper.

Deshalb kommt Inge, der Babysitter.

»Es kann spät werden«, sagt Mama.

»Ich hab genug zu lesen dabei«, meint Inge.

Als Leonie und David sich die Schlafanzüge anziehen, fragen sie: »Was ist eine Oper, Inge?«

»Ich war noch nie da«, sagt Inge, »aber ich glaube, es ist wie Kino oder Theater, nur dass alle singen und nicht reden. Und es geht immer um Liebe und um Leute, die andere betrügen«, lacht sie, »und oft um Könige und Grafen.«

»Ich muss mir noch die Zähne putzen«, singt David.

Inge kichert: »So was singen sie in der Oper natürlich nicht.«

Leonie will »Hast du dich schon gewaschen?« singen,
aber vor lauter Lachen kommt nur Gequietsche aus ihr
raus.

David lacht nicht: »Ich bin noch gar nicht mühüde«,
singt er, »und ich brauche einen neuen, neuen, neuen
Schlafanzug.«

»So was singen sie in der Oper natürlich auch nicht«,
sagt Inge.

Leonie kreischt vor Lachen.

»So was wie dich können sie in der Oper aber gar nicht gebrauchen, Leonie«, sagt David.

»Nee, kreischen gibt's in der Oper nicht«, lacht Inge. Dann fängt sie auch an zu singen: »Gute Nahahacht, liebe Kinder«, singt sie.

Immer wieder singen und lachen Leonie und David, bis sie endlich eingeschlafen sind.

»Ich kann aber auch singen«, sagt Teddy, steht auf und schaut in den Mond: »Ich will endlich die Prinzessin befreien«, singt er.

»Wo ist sie denn?«, singt Schäfchen zurück.

»Hier bin ich, hier bin ich«, singt eine hohe Stimme.

Es ist die Puppe Anna.

»Meine liebe Prinzessin«, singt Teddy in den Mond hinein.

»Du musst doch die Prinzessin anschauen«, sagt Nilpferd Klops, »wenn du das singst.«

»Klops, warum singst du nicht mit?«, fragt Schäfchen.

»Ich brauche gar nicht zu singen«, sagt Nilpferd Klops, »weil ich der . . . der . . . Direktor der Oper bin, und ich bestimme alles.«

»Nee, ich will alles bestimmen«, sagt Schäfchen.

»Ich hab's zuerst gesagt«, sagt Nilpferd Klops, »du musst jetzt singen!«

Schäfchen fängt an, so furchtbar zu heulen, dass Anna sich die Ohren zuhält.

»Halt! Du musst Worte singen«, bestimmt Nilpferd Klops.

»Welche Worte denn überhaupt«, sagt Schäfchen, »das Ganze ist doof.«

»Meine Prinzessin«, singt Teddy, »komm zu mir!«

»Ich kann nicht«, singt Anna, »weil dort ist ein Drache, der mich bewacht und den ich heiraten soll.«

Teddy schaut sich um: »Woho ist der Drache?«, singt er.

Nilpferd Klops gibt Schäfchen einen Tritt: »Du bist der Drache«, flüstert er.

»Was? Wie?«, fragt Schäfchen zuerst.

»Ich bin der fürchterliche Drache«, singt Schäfchen dann, »und niemals lasse ich Anna frei.«

»Dann werde ich mit dir kämpfen«, singt Teddy, springt von Leonies Bett, holt Davids Lineal und hüpft auf Davids Bett, wo Schäfchen ihn beißend empfängt.

Eine Weile kämpfen sie keuchend miteinander.

»Singen! Ihr müsst singen!«, befiehlt Nilpferd Klops.

»Hach!«, singt Teddy kämpfend.

»Da!«, singt Schäfchen. »Dahaha« – Vor Lachen kann es nicht weitermachen, und Teddy bekommt einen Kicheranfall, so sehr, dass Anna anfängt zu lachen, und Nilpferd Klops auch.

Hört einer mit dem Lachen auf, fängt der andere wieder glucksend an. Das dauert lange.

Endlich herrscht Ruhe im Kinderzimmer.

Alle, alle schlafen.

Oper hat was mit Lachen zu tun, das steht fest, denkt der Mond.

»Mama, wie war's in der Oper?«, fragt Leonie am nächsten Morgen.

»Also diese Oper war anstrengend – Papa hat sogar eine Weile geschlafen«, sagt Mama.

Bei uns war's schön, denken die Kuscheltiere.

Wie Teddy ein Teddy wurde

»Michi«, sagt Annika abends im Bett.

Michi antwortet nicht.

»Michi?«, fragt Annika wieder.

»Mm«, macht Michi, er ist gerade so schön dabei, einzuschlafen.

»Kann ich heute mal mit Schlafhase schlafen?«

»Mm«, macht Michi wieder. Hat er Annika überhaupt gehört?

Annika tapst aus ihrem Bett, nimmt sich Schlafhase von Michis Kissen und nimmt ihn in ihren Arm. Dann legt sie sich wieder in ihr Bett.

»Der ist nämlich so kuschelig«, sagt Annika.

Na, damit hat sie aber was angerichtet!

Als Erstes ist Teddy schon mal sehr beleidigt. Aber auch die anderen Schmusetiere sind es. Auch die Puppe Lisa-

Marie trifft es sehr. Sie ist nämlich eine harte Puppe und gar nicht kuschelig, und daran kann sie ja nichts ändern.

»Ich möchte mal wissen, was so besonders kuschelig an Schlafhase ist, was ich nicht auch habe«, sagt Teddy, »mein Fell ist doch auch weich.«

»Aber dein Fell ist auch ein wenig ruppelig«, sagt Lisa-Marie.

»Na ja, ich bin ja nicht neu!«, sagt Teddy.

»Wie war das denn, als du neu warst?«, fragt Hundelein vom anderen Bett her.

»Na ja, das Erste, woran ich mich erinnern kann, war, als wir Teddys alle in der Fabrik waren. Und wie ich gerade die Augen eingesetzt bekam.«

»In was für einer Fabrik?«, fragt Stelzchen Storch.

»Na ja, es war schon so was wie eine Fabrik«, sagt Teddy. »Es war ein Zimmer, und da saßen so ein paar Leute drin, und jeder hatte so einen Teddy auf seinem Tisch vor sich. Die Teddys wurden gestopft, zugenäht, der Kopf wurde eingesetzt und . . .«

»Igitt«, unterbricht ihn Schlafhase, der in Annikas Arm liegt.

»Ich denke, du schläfst längst«, meint Lisa-Marie zu Schlafhase.

»Wie soll man bei eurem Gerede schlafen«, murmelt Schlafhase, »und weiter?«

»Na ja, ich hatte einen alten Mann, der sich um mich kümmerte«, fährt Teddy fort. »Nachdem ich die Augen hatte, wurde mein Fell noch ein bisschen zurechtgeschnitten, und das war's. Wir fertigen Teddys kamen in ein Zimmer und saßen dort nach Farben geordnet eine Weile herum. Es war sehr langweilig. Eines Tages wurden wir zu sechst in einen Karton eingepackt.«

Teddy überlegt ein bisschen.

»Und dann?«, fragt Stelzchen Storch aufgeregt.

»Dann war er in einem Geschäft, ist doch klar«, antwortet Hundelein, »bei mir war es doch genauso.«

»Stimmt«, sagt Teddy. »Nach und nach wurden die Teddys verkauft, bis ich und ein brauner noch übrig waren.

Und dann kauften die Eltern von Annika und Michi den braunen Teddy.«

»Wie? Was?«, fragt Stelzchen Storch entsetzt.

»Na ja, sie waren schon aus dem Laden, als sie wieder zurückkamen und doch den hellen Teddy wollten. Und der war ich.«

»Du bist aber gar nicht mehr so hell«, meint Lisa-Marie und schaut ihn von oben bis unten an.

»Hab ich doch vorhin gesagt«, sagt Teddy, »ich bin ja auch nicht mehr neu.«

»Und dann? Und dann?«, fragt Schlafhase.

»Na ja, dann war ich noch eine Weile in einem Schrank hier in der Wohnung, und als Annika dann Geburtstag hatte, war ich ihr Geschenk.« Alle schweigen.

»Nein, war Annika noch klein damals! Und so süß!«, seufzt Teddy.

»Stimmt, ich erinnere mich daran«, sagt Hundelein.

In diesem Moment wacht Michi mit einem Ruck auf.

»Wo ist denn Schlafhase?«, murmelt er.

Er fühlt, ob Schlafhase runtergefallen ist.

Dann steht er auf, geht zu Annikas Bett, nimmt ihr Schlafhase aus dem Arm, drückt Teddy hinein und rückt Lisa-Marie in Annikas anderem Arm zurecht.

In seinem Bett kuschelt er sich an Hundelein, Stelzchen Storch und Schlafhase. Nun ist wieder alles in Ordnung.

Teddy fliegt zum Mond

Es ist schon ziemlich spät. Annika und Michi schlafen schon. Die Puppe Lisa-Marie und die Kuscheltiere schlafen auch, bis auf einen: Teddy. Vorsichtig rüttelt er Lisa-Marie. »Was ist denn?«, murmelt Lisa-Marie.

»Komm mit, wir fahren zum Mond«, sagt Teddy.

Lisa-Marie reißt ihre hübschen Klimperaugen auf: »Bist du verrückt?«, fragt sie.

»Ja, wir fahren zum Mond«, sagt Teddy wieder.

»Ich lass doch Annika nicht alleine!« Lisa-Marie klappt ihre Augen wieder zu.

»Aber es ist nur für eine Nacht«, sagt Teddy.

»Na gut, dann ja«, sagt Lisa-Marie.

Und so wecken sie die anderen auf.

»Ich wollte schon immer mal zum Mond«, schwärmt Schlafhase.

»Es geht nur, weil heute Nacht das Fenster offen ist«, flüstert Teddy.

»Ich will dann aber auch mit«, sagt Stelzchen Storch.

»Ich bleibe lieber hier«, meint Hundelein.

»Ach, komm doch mit«, bitten ihn die anderen.

»Nein«, sagt Hundelein.

Teddy schiebt einen Stuhl ans Fenster: »Jetzt bringt mir mal den leeren Karton, wo Michis Traktor drin war.«

Stelzchen Storch schnappt den Karton mit seinem Schnabel, und Schlafhase schiebt ihn ein wenig.

Vom Stuhl aus zieht Teddy den Karton auf das Fensterbrett. »Da passen wir doch alle rein, oder?«, fragt er.

»Fahren wir damit zum Mond?«, fragt Schlafhase.

»Na klar«, antwortet Teddy. »Ich hab mir alles gut überlegt. Wir brauchen natürlich auch noch Helme.«

»Wozu das denn?«, fragt Stelzchen Storch.

»Alle Mondfahrer haben Helme auf«, meint Teddy, »ist doch ganz klar. Denn die schützen vor den Mondstrahlen. Unsere Helme hab ich schon aus der Küche geholt. Da!«

»Dieser Apfelsinenmüll etwa?«, fragt Lisa-Marie verwundert.

»Das sind leere Apfelsinenschalen vom Saftmachen«, sagt Teddy, »ideale Helme, passt doch, oder?«

Stelzchen Storch pickt die letzten Apfelsinenreste aus den Schalen.

»So, jetzt geht es«, sagt er. »Euch passen diese Helme. Mir aber nicht.«

»Vögel brauchen gar keinen Helm«, sagt Teddy, »die fliegen ja sowieso schon immer so hoch in der Luft.«

»Ich zieh diesen Helm nur an, wenn er ganz sauber ist«, meint Lisa-Marie.

»Ist er doch, hier«, sagt Stelzchen Storch.

»Jetzt setzen wir uns in unser Raumschiff«, bestimmt Teddy.

»Hundelein, für dich ist auch noch Platz«, ruft Schlafhase runter, »auch ein Helm ist noch für dich da.«

Aber Hundelein sagt gar nichts.

»Es kann losgehen«, ruft Teddy.

»Müssen wir nicht auf irgendetwas drücken?«, fragt Stelzchen Storch.

»Nein, ich brauche nur mit Michis gelbem Farbstift zum Mond zu zeigen, dann fahren wir schon los«, antwortet Teddy. »Wo ist denn der Stift?«

»Halt, ich will doch mit«, ruft Hundelein, macht einen Sprung und ist auch schon im Karton gelandet.

Teddy schiebt das Fenster weiter auf, deutet mit dem Stift auf den Mond, und dann geht es los.

Es wird ein sehr aufregender Flug.

»Mir wird ein bisschen schwindelig«, ruft Schlafhase.

Auf einmal ist eine Wolke vor dem Mond, und der Karton fängt an zu schwanken.

»Oh weh!«, ruft Teddy. »Wir haben die Verbindung zum Mond nicht mehr! Wir fallen!«

Aber dann ist die Wolke wieder weg, und sie steigen weiter zum Mond auf.

»Ich friere«, sagt Lisa-Marie.

»Das ist normal hier oben«, sagt Teddy.

Und dann landen sie ganz sanft auf dem Mond. Sie steigen alle aus dem Karton. »So etwas Schönes hab ich noch nie gesehen«, staunt Lisa-Marie.

»Und vergesst nicht, Mondsteine zu sammeln!«, fordert Teddy.

»Alles ist so weich und glänzend hier«, sagt Schlafhase.

»Ich finde, hier riecht es sogar nach Vanilleeis«, meint Hundelein.

»Ja, das hat ja auch dieselbe Farbe wie der Mond«, flüstert Stelzchen Storch.

»So, ihr Lieben, jetzt müssen wir wieder zurück«, fordert Teddy alle auf.

»Müssen wir wirklich schon wieder los?«, fragt Lisa-Marie.

»Jaa«, sagt Teddy, »denn auf dem Mond darf man immer nur für ganz kurze Zeit bleiben.«

Seufzend steigen sie alle in den Karton zurück.

»Auf Wiedersehen, Mond«, sagt Lisa-Marie.

»Auf Wiedersehen, ihr Lieben«, ruft der Mond.

Ganz leicht schweben sie wieder auf die Erde zurück und setzen sanft auf dem Fensterbrett des Zimmers von Annika und Michi auf.

»War das schön«, seufzen sie alle.

Und die Mondsteine haben sie dabei als wunderschöne Erinnerung an ihren Flug zum Mond.

»Wieso liegen denn hier lauter Apfelsinenhälften rum«, schimpft Mama am nächsten Morgen.

»Oh, vielleicht bin ich wieder geschlafwandelt«, sagt Annika, »und hab irgendwelchen Unsinn gemacht.«

Da schauen sich die Puppe Lisa-Marie und die Kuscheltiere an und lächeln geheimnisvoll.

Freundschaftsgeschichten
für 3 Minuten

Ulrike Kaup

Arena

Eine Giraffe namens Mini

Eines Morgens wachte die kleine Fee Aurora auf und dachte bei sich: Es wird Zeit, dass ich mir auch mal einen Wunsch erfülle. So lange schon träumte sie von einem ganz besonderen Haustier. Von einer Mini-Giraffe, nicht größer als ein Pudel. Kaum hatte sie ganz fest daran gedacht, da stand neben ihrem Bett eine kleine Giraffe und schaute sie freundlich an. Sie war so süß, dass Aurora zuerst gar nicht wusste, was sie machen sollte. Sie streichelte das seidige Fell, stupste zärtlich gegen das Giraffen-Mäulchen und kraulte ihr neues Haustier hinter den Spitzöhrchen. Zum Frühstück pflückte Aurora eine Handvoll frische Blätter und legte sie der Mini-Giraffe auf einen Teller. Mit dem langen Hals reichte sie gerade bis auf den Tisch.

»Jetzt brauchen wir nur noch einen Namen für dich«,

sagte Aurora zu ihrer Giraffe. »Von nun an heißt du Mini.«

Und die Giraffe nickte mit dem Kopf. Dann gingen sie zum ersten Mal in die Stadt bummeln. Aber das war gar nicht so einfach, wie Aurora sich das vorgestellt hatte. Immer wenn sie ein Geschäft betreten wollten, sollte Mini draußen bleiben.

»Das gilt nur für Hunde«, sagte Aurora dann. »Und Mini ist kein Hund!«

Da ließen die Ladenbesitzer Giraffen-Schilder machen, und Aurora wusste nicht mehr, was sie dazu sagen sollte. Sie musste auch eine Leine kaufen, weil die Hunde-

besitzer nicht verstanden, warum eine Giraffe ohne Leine laufen durfte, während Hunde angeleint werden sollten.

Das wäre alles noch nicht so schlimm gewesen, wenn man sie wenigstens in Ruhe gelassen hätte. Aber sobald Aurora und Mini irgendwo auftauchten, liefen Menschen zusammen und fragten Aurora Löcher in den Bauch. Wo kann man solche Giraffen-Hunde kaufen? Bekommt Ihr Tier oft Halsweh? Sind Sie vom Zirkus? Manche Menschen wollten sogar Freikarten haben! Es war fürchterlich.

Bis die kleine Giraffe eines Tages fragte: »Warum nur wundern sich alle Menschen über mich? Wo komme ich denn her?«

Was sollte Aurora da bloß sagen! Sie konnte ihr doch nicht erklären, dass sie eine hergezauberte Mini-Giraffe war. Etwas, das es eigentlich gar nicht geben durfte. Schließlich hatte Aurora die kleine Giraffe sehr lieb gewonnen und hätte sie für nichts in der Welt wieder weggezaubert.

Also sagte Aurora: »Giraffen kommen aus Afrika. Das ist weit weg, und dort ist es sehr, sehr warm.«

Von dem Tag an wollte Mini unbedingt nach Afrika. Schließlich willigte Aurora ein, und sie flogen zusammen dorthin. Und was glaubst du wohl, was da geschah? Mini lief in die Steppe hinaus, und mit jedem Schritt, den sie machte, wurde sie ein bisschen größer, bis sie nicht mehr zu unterscheiden war von den anderen Giraffen. Jedenfalls von außen. Als Aurora das sah, winkte sie Mini noch einmal zu und stieg dann ein bisschen froh und ein bisschen traurig in das nächstbeste Flugzeug nach Hause.

Und wie sie so von hoch oben noch einmal nach unten schaute, da entdeckte sie Mini, ganz klein und doch so groß wie die anderen.

Diana erzählt Geschichten

Manchmal spielen Diana und Marie stundenlang mit ihren Puppen.

Die Puppen essen Plätzchenkuchen und trinken Prickelbrause.

Sie haben schöne Kleider an, und Diana und Marie setzen ihnen große Hüte auf, bevor sie im Garten mit ihren Puppen spazieren fahren.

Und wenn die Puppen dann schlafen gehen, schlüpfen Marie und Diana in Maries Zelt. Das Zelt steht in Maries Kinderzimmer. Dort machen es sich die beiden so richtig gemütlich, und Diana erzählt Stell-dir-vor-Geschichten. Das geht so: »Stell dir vor, du bist ein Luftballon«, sagt Marie und macht die Augen zu.

Diana macht auch die Augen zu, und dann fängt sie an zu erzählen: »Ich bin ein Luftballon, ein großer gelber

Luftballon mit einem blauen Band. Ein Kind rennt hinter mir her und will mich fangen. Aber ich will fliegen und rufe: ›Wind, Wind, komm geschwind!‹ Mein Freund, der Wind, trägt mich über die Häuser der Stadt. Hui, wie es flattert, mein blaues Band. Ganz klein sind die Menschen und die Tiere. Ich tanze über ihren Köpfen. Die Bäume strecken ihre grünen Arme nach mir aus.

›Ich muss weiter‹, rufe ich ihnen zu.

Unter mir zieht die Landschaft vorbei. Städte, Dörfer, Felder, Wälder. Was ist denn das da auf der Wiese? Karussells drehen sich wie Kreisel. Und an einem Wohnwagen zappeln Luftballons.

›Fliegt mit mir‹, rufe ich.

Ein roter Luftballon kann sich losreißen und steigt zu mir auf. Unsere Bänder verfangen sich. Zusammen lassen wir uns am Himmel treiben. Nur ein Vogel begleitet uns ein Stück. Und er erzählt von Ländern weit hinter den Bergen und von Ländern weit hinter dem Meer . . .«

»Stell dir vor, du bist eine Muschel«, sagt Marie jetzt. Und wieder schließen sie die Augen.

»Ich bin eine Muschel«, erzählt Diana. »Eine blaugraue Herzmuschel. Die Wellen haben mich an den Strand getragen. Wie schön meine Schale glitzert in der Sonne!

›Guck mal, was ich gefunden habe!‹, ruft ein Mädchen. Es hockt im Sand, legt mich auf seine Hand und streicht mit zwei Fingern über meinen Rücken. Das kitzelt ein bisschen. Ein Paar blaue Augen sehen mich an.

›Leg die Muschel hier rein‹, sagt ein Junge und hält dem Mädchen einen kleinen Eimer hin. Der Eimer schaukelt hin und her und her und hin. Mir wird ganz schwindelig. Oje, ich kann mich nicht mehr halten. Da rutsche ich auch schon in die Arme eines Seesterns.

›Wohin schaukeln wir?‹, frage ich den Seestern.

›Weit, weit fort‹, antwortet der Seestern. ›Bis auf Maries Fensterbank!‹«

Gerade als Diana zu Ende erzählt hat, wachen die Puppen wieder auf und wollen gefüttert werden. Da muss Diana eine Pause einlegen. Aber bald erzählt sie ihrer besten Freundin wieder eine Stell-dir-vor-Geschichte. Und weißt du, wie sie anfängt? Ich bin eine Schneeflocke, die allen Leuten auf der Nase herumtanzt . . .

Der kleine Leuchtturmwärter

Zweimal im Jahr fährt der kleine Leuchtturmwärter zum Einkaufen in die Stadt. Wenn der Sommer kommt und kurz bevor es Winter wird. So wie jetzt. Damit er auch ja nichts vergisst, schreibt er alles, was er braucht, auf einen Zettel.

Dann holt er die große Tasche vom Schrank und steckt den Fahrradschlüssel ein. 283 Stufen muss der kleine Leuchtturmwärter nun hinuntersteigen, bevor er aus seiner Haustür gehen kann zu seinem Boot. Ein halbes Stündchen braucht er, um von der Leuchtturminsel zum Strand zu rudern. Und noch ein halbes Stündchen, um mit seinem Fahrrad in die Stadt zum Markt zu radeln. Dort geht er geradewegs zur kleinen Marktfrau.

»Guten Morgen«, begrüßt sie der kleine Leuchtturmwärter. »Sie sehen heute aus wie eine Blume.« Denn die Marktfrau hat ihren Rosenhut auf.

»Guten Morgen«, sagt die kleine Marktfrau und freut sich. »Was darf es bitte sein?«

Jetzt muss der kleine Leuchtturmwärter seinen Zettel aus der Hosentasche kramen, damit er wieder weiß, was er haben möchte. Denn wenn die kleine Markt-frau ihn so ansieht, vergisst er einfach alles.

»Ich hätte gerne Tabak für meine Pfeife, einen Besen, rote und blaue Kerzen, Lakritzschnecken, Seife, die nach Karamellpudding duftet, und Hustentee«, antwortet er.

»Das ist eine ganze Menge«, sagt die kleine Marktfrau und packt alles in die große Tasche vom Leuchtturmwärter. Nur den Hustentee nicht. »Hustentee habe ich erst wieder in drei Tagen«, sagt sie. »Leider, leider. Aber ich könnte Ihnen den Tee am Sonntag vorbeibringen. Da habe ich meinen freien Tag und würde gerne einen Ausflug an das Meer machen.«

Da nickt der kleine Leuchtturmwärter mit dem Kopf und drückt sich selber ganz fest die Daumen, dass die kleine Marktfrau auch wirklich zu Besuch kommt.

Endlich ist es so weit. 283 Stufen steigt die kleine Marktfrau den Leuchtturm hoch, und als sie oben ankommt, lässt sie sich erst mal in einen Sessel plumpsen. Der kleine Leuchtturmwärter stellt Schokoladenkekse auf den Tisch und macht eine Kanne Pfefferminztee.

Dann plaudern sie ein Weilchen und die kleine Marktfrau sagt: »Ich möchte einmal auf Ihren Balkon gehen. Es ist bestimmt herrlich, das Meer von ganz oben zu sehen.«

»Gern«, sagt der kleine Leuchtturmwärter. »Aber bitte setzen Sie Ihren schönen Hut ab, denn hier oben weht ein wilder Wind. Der fegt ihn fort, den schönen Hut, und dann landet er vielleicht auf einem Seehundkopf.«

Da muss die kleine Marktfrau herzlich lachen und legt den Hut lieber auf die Fensterbank.

Als es dunkel wird, rudert der kleine Leuchtturmwärter die kleine Marktfrau zum Strand zurück. Und gerade als sie sich verabschieden wollen, sagt die kleine Marktfrau: »Jetzt habe ich bei Ihnen meinen Rosenhut vergessen. Wie schade!«

»Dann kommen Sie doch einfach am nächsten Sonntag wieder!«, sagt der kleine Leuchtturmwärter, und die kleine Marktfrau nickt mit dem Kopf.

Spät am Abend, als die kleine Marktfrau längst wieder zu Hause ist, sitzt der kleine Leuchtturmwärter vor seinem Fenster und schaut verträumt über das Meer. Und sein dicker Kater Mo liegt schnurrend auf seinem Schoß, denn der kleine Leuchtturmwärter riecht so gut. Nach Karamellpudding mit ein bisschen Rose.

Glücksmarie

Als Frau Holle Goldmarie und Pechmarie nach Hause geschickt hatte, legte sie sich ins Bett. Draußen fing es an zu schneien. Frau Holle schlief den ganzen Winter lang. Im Frühling bimmelte der Schneeglöckchen-Wecker auf ihrem Nachttisch. »Aufwachen, aufwachen!«

Frau Holle reckte und streckte sich, dann gähnte sie. »Nur noch ein bisschen schlafen«, murmelte sie.

Vor dem Fenster sang eine Amsel im Apfelbaum. »Wo bleibst du denn?«, pfiff sie.

»Ich komme schon!«, lachte Frau Holle und sprang aus dem Bett. Sie lief im Nachthemd vor das Haus. Im Garten spitzten die Krokusse aus der Erde. In der Wiese blühten Gänseblümchen und am Bach die ersten Schlüsselblumen. Frau Holle begrüßte sie alle, dann streichelte sie die Weidenkätzchen, bis sie anfingen zu schnurren. Plötzlich knurrte ihr Magen. »Zeit fürs Frühstück«,

sagte Frau Holle. Sie wollte sich eine schöne Kanne Tee kochen. Deshalb warf sie den Wassereimer in den Ziehbrunnen vor dem Haus und zog ihn wieder hoch. Aber er war schwer, so schwer. »Verflixt«, stöhnte Frau Holle. »Ich bin wohl nicht mehr die Jüngste.« Als sie den Eimer endlich hochgezogen und auf den Brunnenrand gestellt hatte, entdeckte sie ein kleines Mädchen. Es saß im Eimer und lächelte sie mit geschlossenen Augen an.

»Mach die Augen auf!«, sagte Frau Holle. »Wer bist du?«

»Ich bin Marie«, sagte Marie. »Und ich träume gerade von dir.«

»Da hast du aber Glück«, sagte Frau Holle.

»Bin ich deine Glücksmarie?«, fragte Marie.

Frau Holle lächelte: »Vielleicht.«

»Was soll ich tun?«, fragte Marie.

»Du kannst mein Bett ausschütteln«, sagte Frau Holle.

»Aber dann schneit es auf der Erde«, meinte Marie.

»Na und?«, sagte Frau Holle. »Ein bisschen Schnee im Frühling schadet nichts.« Dann warf sie den Eimer ein zweites Mal in den Brunnen und zog ihn wieder heraus. Dieses Mal war niemand darin, nur klares Wasser für den Tee. Zum Frühstück gab es Holunderblütentee und ein paar Stücke altes Brot.

»Ich muss frisches Brot backen«, brummte Frau Holle.

»Das wird wieder eine Menge Arbeit werden.«

»Ich helfe dir doch«, sagte Marie.

Frau Holle war froh. »Fein«, sagte sie und hob ächzend den schweren Deckel der Mehlkiste hoch.

Marie durfte das Mehl in den Backtrog sieben und eine Kuhle hineinmachen, in die Frau Holle ein bisschen Sauerteig gab. Dann musste der Teig gehen.

»Jetzt hast du Zeit zum Bettenmachen, Marie«, sagte Frau Holle.

Marie schüttelte Frau Holles Federbett am offenen

Fenster aus. Schneeflocken rieselten auf die Erde, aber die Sonne schleckte sie gleich wieder weg.

Danach mischten Marie und Frau Holle den Brotteig und kneteten alles gut durch. Das war schwere Arbeit. Marie wurde richtig müde davon. Sie gähnte.

»Ruh dich ein bisschen aus!«, sagte Frau Holle.

Marie legte sich auf Frau Holles weinrotes Samtsofa und schlief ein. Als sie wieder aufwachte, lag sie zu Hause in ihrem eigenen Bett. Eine Amsel saß im Apfelbaum vor dem Fenster und sang.

Marie war glücklich. »Heute Nacht«, sagte sie, »träume ich einfach wieder von Frau Holle. Dann backen wir das Brot fertig.«

Die Amsel zwitscherte: »Tirilie, Glücksmarie!«

Wuschelpuffel
aus dem Elfenland

Annabell geht gern ins Bett.

»So ein komisches Kind«, sagt Papa. Auch Mama wundert sich. Die beiden sind als Kinder nie gerne ins Bett gegangen und haben sich alles Mögliche ausgedacht, um noch länger aufbleiben zu dürfen.

»Ich wollte nach dem Zähneputzen immer noch mindestens drei Gutenachtgeschichten hören«, sagt Papa.

»Und ich musste immer noch was trinken«, erinnert sich Mama. »Am liebsten Himbeersaft.«

»Mmh, Himbeersaft.« Papa leckt sich die Lippen.

Annabell hat sich die Zähne geputzt und kommt gerade zum Gutenachtsagen ins Wohnzimmer. Sie hat sogar schon ihren Schlafanzug an. »Gute Nacht, Mama!«, sagt sie. »Schlaf gut, Papa!«

»Willst du heute keine Gutenachtgeschichte hören?«, fragt Papa.

»Hast du denn keinen Durst?«, fragt Mama. »Ich habe Himbeersaft im Kühlschrank.«

»Nein«, sagt Annabell. »Ich muss jetzt ins Bett.« Sie hat einfach keine Zeit mehr. Sollen die Eltern doch aufbleiben, fernsehen und Himbeersaft trinken, solange sie wollen. Annabell gibt Mama und Papa noch ein Küsschen, dann läuft sie ins Kinderzimmer, springt ins Bett, kuschelt sich in ihre Decke und starrt auf die Wand neben dem Bett. Da sind ein paar feine Risse. Wenn man lange genug hinschaut, kann man ein Gesicht erkennen. Ja, da ist es wieder. »Hallo, Wuschelpuffel!«, sagt Annabell.

»Da bist du ja endlich«, sagt Wuschelpuffel. »Höchste Zeit.«

»Entschuldige bitte!«, sagt Annabell. »Aber Mama und Papa haben mich aufgehalten.«

»Jetzt aber schnell«, sagt Wuschelpuffel, nimmt Annabell bei der Hand und zieht sie mit ins Elfenland.

Wuschelpuffel ist nämlich ein Elfenjunge. Er hat spitze Ohren, ein grünes Wams und enge rote Hosen. In seinen Wuschelhaaren steckt eine blaue Häherfeder.

Im Elfenland ist es wunderschön, aber das Schönste ist Wuschelpuffels Baumhaus. Es ist hoch oben in der Buche.

»Da sind sie!«, schreit Wuschelpuffels Eichelhäher. »Annabell und Wuschelpuffel kommen.«

»Ist ja gut!«, sagt der Elfenjunge und pufft den Eichelhäher ein bisschen. Dann hilft er Annabell die vielen Stufen hinauf, die wie Äste rings um den Buchenstamm he-
rauswachsen.

Wuschelpuffel hat sein Baumhaus aus Zweigen gebaut.
Es ist wie eine lichte Laube. Darin sind zwei bunte Hängematten aufgespannt. Annabell und Wuschelpuffel legen sich hinein und schaukeln noch ein bisschen. Der
Himmel des Elfenlands blinkt durch die flirrenden Bu-
chenblätter.

Der Eichelhäher kommt und setzt sich auf den Zweig
neben Annabells Hängematte.

»Erzähl mir eine Geschichte, Wuschelpuffel!«, sagt Annabell. »Bitte!«

»Ja, bitte«, sagt der Eichelhäher. »Aber nicht immer die gleiche.«

Der Elfenjunge fängt an. »Es war einmal . . .«

Annabell sieht die Sterne durchs Laub blinken und hört den Wind durch die Blätter wispern. Sie schläft ein. Noch nie hat Annabell das Ende von Wuschelpuffels Geschichte gehört. Aber vielleicht klappte es ja morgen. Wenn sie nur rechtzeitig genug ins Bett kommt.

Niko und Fluse

Niko ging gar nicht gern ins Bett. Unter dem Bett war nämlich jemand, irgendein Ungeheuer oder ein Gespenst.

»Niko«, lachte Mama. »Das bildest du dir nur ein.«

Papa lachte auch und kam mit der Taschenlampe. »Mein kleiner Angsthase«, sagte er und leuchtete unter das Bett. Tatsächlich, da war niemand. Nur ein paar Staubflusen. Mama holte gleich den Besen und kehrte sie zusammen. Alle bis auf eine, die hatte sie übersehen. Niko durfte die Taschenlampe behalten. Er hörte im Wohnzimmer Mama und Papa miteinander reden und lachen.

Sicher reden und lachen sie über mich, dachte Niko und zog sich die Decke über den Kopf. Jetzt war es still, aber plötzlich hörte er etwas, irgendetwas unter dem Bett. Sicher war es das Ungeheuer oder das Gespenst.

Niko wurde es heiß. Er hielt es unter der Decke nicht mehr aus. Vorsichtig steckte er die Nase heraus, dann den Arm und leuchtete mit der Taschenlampe unter das Bett.

Und tatsächlich, da war ein kleines graues Gespenst. So grau wie Staub und auch so trostlos. Es weinte und wimmerte.

»Was ist los?«, fragte Niko.

»Mein Papa und meine Mama«, schluchzte das kleine graue Gespenst, »die lachen immer über mich.«

»Deine auch?«, fragte Niko. »Warum denn?«

»Weil ich so klein und grau bin«, sagte das Gespenst. »Und sie sind so groß und wunderbar weiß.« Es wurde von Schluchzern geschüttelt. »Aber das Schlimmste weißt du noch gar nicht«, stieß es schließlich hervor.

Eigentlich wollte Niko es gar nicht wissen, aber dann fragte er doch: »Was ist das Schlimmste?«

»Das sag ich lieber nicht«, flüsterte das kleine graue Gespenst. »Sonst lachst du mich nur aus.«

Aber Niko versprach ihm, nicht darüber zu lachen.

»Sie nennen mich Fluse«, hauchte das Gespenst. »Stell dir vor!«

Niko lachte nicht. »Mich nennen sie Angsthase«, sagte er leise.

»Das ist ungerecht!«, rief Fluse empört.

»Wieso?«, fragte Niko.

»Ich finde, du bist ungeheuer tapfer«, antwortete Fluse.

»Ja?«, fragte Niko erstaunt. »Wieso bin ich tapfer?«

»Weil du mit mir redest«, sagte Fluse. »Wer von den Erwachsenen redet schon mit einem kleinen grauen Gespenst?«

»Das ist wahr«, sagte Niko. »Papa oder Mama würden nie mit dir reden. Sie meinen, es gibt dich gar nicht.«

»Stimmt«, sagte Fluse. »Deine Mama hat sogar versucht,

mich unter dem Bett rauszukehren, und dein Papa hat
mich mit der Taschenlampe geblendet.«

»Entschuldige, bitte!«, sagte Niko.

»Dafür kannst doch du nichts«, sagte Fluse.

Und dann redeten und lachten sie noch ganz viel miteinander und machten Quatsch, bis sie müde waren.

»Gute Nacht, Fluse!«, sagte Niko.

»Schlaf gut, Niko!«, sagte Fluse.

Niko und das kleine graue Gespenst schliefen ein, jeder
an seinem Platz: Niko auf dem Bett und Fluse darunter.

Kuschelgeschichten

für 3 Minuten

Friederun Reichenstetter

Arena

Oma Bauers Eisenbahn

Tom und seine Mama sind umgezogen. Jetzt wohnen sie in einem großen Haus, das zehn Stockwerke hat. Zum Glück gibt es einen Aufzug.

Tom kennt noch niemanden im Haus. Und weil Toms Mama immer noch bei der Arbeit ist, wenn er von der Schule kommt, langweilt er sich manchmal. Darum fährt er an einem Tag einfach ein bisschen mit dem Aufzug spazieren.

Zuerst steigt ein Mann ein. Der sagt nicht einmal Guten Tag. Dann kommt eine junge Frau mit einem Kinderwagen, in dem ein Baby ganz furchtbar brüllt.

Und dann kommt eine alte Frau. Sie lächelt freundlich, als sie einsteigt. »Guten Tag«, sagt sie. Und als sie im neunten Stock aussteigt, sagt sie »Auf Wiedersehen«.

Am nächsten Tag fährt Tom wieder im Aufzug spazieren. Diesmal steigt gleich im Erdgeschoss die nette alte Frau mit einer vollen Einkaufstasche ein.

172

»Haben wir uns gestern nicht auch schon gesehen?«, fragt sie Tom.

»Doch.« Tom nickt.

»Wie heißt du denn?«, fragt sie.

»Tom heiße ich.«

»Ich heiße Irene Bauer. Und jetzt verrate mir noch, wo du denn eigentlich hinwillst.«

»Nirgendwo«, antwortet Tom. »Ich fahre nur so mit dem Aufzug spazieren.«

»Wohnst du hier?«, fragt Frau Bauer.

»Vor ein paar Tagen sind wir umgezogen, meine Mama

und ich«, antwortet Tom. »Ich dachte, ich könnte vielleicht ein paar Leute im Aufzug kennenlernen.«

»Das hat ja geklappt«, meint Frau Bauer. »Jetzt kennst du schon mal mich. Und wenn es deiner Mama recht ist, trinken wir morgen Nachmittag um drei Uhr zusammen einen Kakao in meiner Küche und essen Kuchen dazu. Ich glaube, ich habe sogar noch die Eisenbahn von meinem Sohn im Keller stehen. Wenn du mir hilfst, können wir die heraufholen.«

»Hast du jetzt keinen Sohn mehr?«, fragte Tom.

»Doch, aber der ist schon groß«, antwortet Frau Bauer. »Und er wohnt ganz woanders.«

Am Abend gehen Toms Mama und Tom noch rasch bei Frau Bauer vorbei. Toms Mama sagt, sie freut sich, dass ihr Sohn zu ihr kommen darf.

Am nächsten Tag läutet Tom um drei Uhr. Schon vor der Wohnungstür duftet es nach frisch gebackenem Kuchen und Kakao. Und drinnen bei Frau Bauer ist es richtig schön gemütlich. Auf dem Küchentisch steht eine große Kerze, ein runder Gugelhupf und in einem weißen Krug dampft der Kakao.

»Bin ich froh, dass wir umgezogen sind«, sagt Tom. Er leckt gerade die letzten Brösel vom Teller.

»Ich freue mich auch.« Frau Bauer lacht. »Und jetzt holen wir die Eisenbahn aus dem Keller.«

Puss nimmt ein Bad

Es ist warm. Leoni und ihre Katze Puss sitzen auf dem Fenstersims im Schlafzimmer und schauen auf den kleinen Teich hinunter, der nur einen Meter unter ihnen liegt. Beiden fallen fast die Augen zu. Leoni ist müde von der Schule, und Puss ist müde vom Nichtstun. Die Katze wird erst munter, als sich eine dicke Amsel auf einem Stein am Teichrand niederlässt. Zuerst hüpft sie etwas auf ihm herum, schaut ein bisschen nach rechts, nach links, dann nach oben und nach unten. Dann hebt sie kurz die Flügel, landet elegant im Wasser und fängt an, sich in aller Ruhe zu baden – zuerst den rechten Flügel, dann den linken Flügel, dann den Schwanz.

Puss auf dem Fenstersims wird ganz nervös. So ein appetitlicher Happen direkt vor der Nase! Sie duckt sich zum Sprung, nur die Schwanzspitze bewegt sich noch.

»Bist du verrückt, Puss!«, schreit Leoni und reißt die Augen auf, die ihr gerade fast zugefallen wären. Aber zu spät. Puss springt und landet mitten im Teich.

Es gibt einen furchtbaren Platsch, eine Wasserfontäne steigt hoch, dann ist alles verschwunden: die Katze und die Amsel. Leoni ist wie versteinert.

Doch schon in der nächsten Sekunde schießt Puss wie eine Rakete aus dem Teich. Sie ist kaum wiederzuerkennen. Das Fell klebt am Körper! Spindeldürr sieht sie aus. Und der schöne buschige Schwanz ist nur noch ein jämmerliches Schnürchen.

»Pusschen!«, schreit Leoni. Doch die Katze ist nicht ansprechbar. Sie jagt durch die offene Terrassentür ins Wohnzimmer, springt dort hin und her, wälzt sich auf dem Teppich, saust weiter in Leonis Kinderzimmer, macht vor Entsetzen Kopfstand auf dem Bett, schüttelt sich, dass die Tropfen nur so fliegen, maunzt, schreit und jagt dann weiter ins Bad. Dort erwischt sie Leoni, wirft ihr ein Handtuch über und rollt sie hin und her.

Als Pusschen wieder einigermaßen trocken ist, trägt Leoni sie zu ihrem warmen Fensterplatz. Da sitzen die beiden nun wieder und schauen zum Teich hinunter und dann hinauf in die Bäume. Von dort oben hört man das Zwitschern der Vögel.

Puss kneift die Augen zusammen, streckt sich, leckt

sich, kratzt sich am Ohr und nickt leicht mit dem Kopf.

»Na siehst du.« Leoni streicht ihrer Katze liebevoll übers Fell. »Dann sind wir der gleichen Meinung. Sicher hat das Nicken geheißen, dass du die Vögel in Zukunft lieber in Ruhe lassen willst.«

Pusschen lächelt, schnurrt, ihr Fell ist trocken, und sie sieht wieder aus, wie eine Katze aussehen soll: rund, warm und gemütlich.

Krax fährt Bus

An einem stürmischen Tag im Frühling findet Herr Hofstetter eine Rabenkrähe mit einem gebrochenen Flügel. Er nimmt sie mit heim. Weil er sie gerettet hat, mag ihn die Rabenkrähe ganz besonders gern. Lieber als Frau Hofstetter und lieber als Julius und Andi, die Söhne der Hofstetters. Die geben ihr aber trotzdem einen Namen: KRAX.

Jeden Tag, wenn Herr Hofstetter morgens um 8 Uhr 30 aus dem Haus gehen muss, wird Krax sauer, weil sie nicht mitdarf. Vor Ärger krächzt sie laut. Und als ihr Ärger immer größer wird, beschließt sie, dass sie Herrn Hofstetter ab sofort begleitet. Sie hüpft ihm einfach hinterdrein zur Haustür hinaus.

»Du bleibst da!«, befiehlt Herr Hofstetter. Krax krächzt und setzt sich auf Herrn Hofstetters Schulter.

»Hinunter mit dir!«, ruft Herr Hofstetter. Da setzt sich Krax auf seinen Kopf.

»Dummes Tier!«, schimpft Herr Hofstetter. Muss dann aber doch lachen. Da bleibt Krax erst recht sitzen.

Herr Hofstetter ist in Eile. Er muss zum Bus. Krax wird schon zurückfliegen, denkt er. Sie kennt sich ja aus in der Gegend. Die Krähe denkt aber etwas ganz und gar anderes.

Als Herr Hofstetter mit der Krähe auf dem Kopf die Baumstraße entlangkommt, sagt die Nachbarin zu ihrem Mann: »Schau, Herr Hofstetter hat glatt seine Krähe auf dem Kopf. Ist das nicht komisch?«

Herr Hofstetter steigt in den Bus. Die Krähe mit ihm.
Sie fährt mit ins Büro.

Im Büro langweilt sich Krax ganz entsetzlich. Da gibt es
keinen Baum, keinen Strauch, keine Würmer im Garten, nichts.

»Siehst du«, sagt Herr Hofstetter zu ihr, »wärst du daheim geblieben, hättest du es schöner gehabt.«

Am nächsten Morgen begleitet Krax Herrn Hofstetter wieder. Aber ins Büro will sie nicht mehr. Bevor er aussteigt, hüpft sie von seiner Schulter herunter und setzt sich auf eine Stange im Bus, an der man sich anhalten kann.

Weil Herr Hofstetter den Busfahrer kennt, bittet er ihn, Krax mit zurückzunehmen und an der Baumstraße anzuhalten, damit sie herausfliegen kann.

Von da an zwickt die Krähe jeden Morgen pünktlich um 8 Uhr 15 Herrn Hofstetter ins Ohr. Dann legt er schleunigst die Zeitung aus der Hand. Gemeinsam verlassen sie das Haus. Immer fliegt die Krähe voraus. In der Baumstraße kennt sie jeder. Wenn sie vorbeikommt, stellt Frau Rose die Uhr nach ihr, zieht Hans Hinkel den Mantel an und rennt zum Bus, und Minni legt Sonnenblumenkerne vors Fenster. Die frisst Krax dann auf dem Rückweg.

Auch im Bus kennt inzwischen jeder, der um diese Zeit fährt, die Krähe. Einmal hat der Busfahrer sogar auf sie und Herrn Hofstetter gewartet.

An einem Dienstag aber warten alle umsonst. »Was ist denn mit der Krähe los?« Frau Rose sieht aus dem Fenster. »Die müsste doch schon längst da sein.«

Auch Hans Hinkel wundert sich. Und Minni weiß gar nicht, ob sie die Kerne vors Fenster legen soll.

Auch die Hofstetters warten. Krax ist nämlich am Tag zuvor nicht zurückgekommen. Ein neuer Busfahrer, der die Krähe nicht kannte, hat nicht rechtzeitig die Tür aufgemacht.

»Wo wird Krax wohl sein?« Traurig sieht Julius vor sich hin. Auch Andi ist traurig. Ebenso wie Herr und Frau Hofstetter.

Da klopft es an die Scheibe. Auf dem Fenstersims sitzt Krax mit beleidigtem Gesicht.

»Wo kommst du denn her?«, rufen alle Hofstetters im Chor. Das hört man durch die ganze Baumstraße.

»Krah, krah, krah«, krächzt Krax. Dann fliegt sie in den Garten und krächzt weiter.

»Die Krähe ist wieder da«, sagt Frau Rose zu ihrem Mann.

»Zum Glück«, sagt Hans Hinkel.

Und Minni legt schnell ein paar Sonnenblumenkerne aufs Fenstersims.

Vroni bei dem Kälbchen

Hannes schiebt gerade das Fahrrad aus dem Hof, als ihn Vroni vom Wohnzimmerfenster aus entdeckt. »Wo fährst du hin?«, ruft sie ihrem großen Bruder nach. »Du hast mir doch versprochen, dass wir zusammen spielen.«

»Später«, antwortet Hannes. »Abends.«

»Aber es ist doch schon fast Abend«, entgegnet Vroni.

»Fast, aber noch nicht ganz«, antwortet Hannes und schwingt sich auf sein Rad. »Es ist ja noch nicht einmal sechs Uhr.«

Vroni geht zu Nora. Nora ist ihre Schwester. Die ist noch ein Jahr älter als Hannes. Wie meistens sitzt sie in ihrem Zimmer und steckt ihre Nase in ein Buch. Sie sieht nicht einmal auf, als Vroni fragt: »Spielst du ein bisschen mit mir?«

Nora schüttelt den Kopf. »Ich muss unbedingt die Geschichte fertig lesen«, antwortet sie. »Und nachher muss ich die Hühner füttern. Das habe ich Mama versprochen. Dabei kannst du mir dann helfen.«

»Aber mir ist es jetzt so langweilig«, jammert Vroni.

»Geh zu Hannes«, schlägt Nora vor.

Da fängt Vroni zu weinen an. »Der ist mit dem Fahrrad fortgefahren, obwohl er mit mir spielen wollte. Und obwohl er es mir versprochen hat. Und Papa wollte mich eigentlich auch auf dem Traktor mitnehmen. Und dann hat er es vergessen. Und Mama ist bei ihrer Freundin. Niemand ist da!«

»Hör auf zu heulen!«, befiehlt Nora. »Ich bin da und Mama kommt bald wieder. Papa ebenfalls. Aber jetzt zisch ab! Ich will weiterlesen!«

Vroni geht in den Hof hinaus und von dort aus in den Stall. Im Stall ist ein Kälbchen, das seit ein paar Tagen nicht auf die Weide darf, weil es ein wehen Fuß hat. Das Kalb liegt auf dem Stroh und sieht nicht fröhlicher aus als Vroni.

»Armes Kälbchen«, sagt Vroni. »Ich bring dir Gras und leckere Kräuter.«

Mit einem Korb frischem Futter kommt sie zurück. Als das Kälbchen das Gras sieht, wird es gleich viel munterer. Vroni setzt sich zu ihm aufs Stroh. Sie reibt ihren Kopf ein bisschen an seinem Fell. Das Fell riecht nach Heu und Stroh. Und im Stall ist es so wunderbar warm.

Plötzlich ist Vroni eingeschlafen. Ihr Kopf liegt auf dem runden Bauch des Kälbchens. Sie wacht erst wieder auf, als sie Papas Stimme, Mamas Stimme, Hannes' Stimme und Noras Stimme hört. Alle Stimmen rufen zusammen: »Vroni!«

Verschlafen kriecht Vroni aus dem Stroh.

»Gott sei Dank, da ist sie ja!«, ruft Papa, der Vroni als Erster sieht.

»Was ist denn eigentlich?«, fragt Vroni.

»Wir haben dich gesucht«, antwortet Mama. »Wir dachten schon, dass du uns verloren gegangen bist.«

»Wärt ihr dann traurig gewesen?«, fragt Vroni.

»Ja, ganz schrecklich traurig!«, Nora schnieft ein bisschen.

Auch Hannes sagt, wie froh er darüber ist, dass Vroni wieder da ist.

Alle sind richtig lieb zu Vroni. Hannes spielt mit ihr noch ein *Eile mit Weile.* Nora verspricht ihr, sie am nächsten Tag vom Kindergarten abzuholen. Und Mama liest Vroni noch eine schöne lange Gutenachtgeschichte vor.

Geschichtenspaß für 3 Minuten

Als Hörbuch bei Arena audio

Drachengeschichten für 3 Minuten
978-3-401-09193-8

Feengeschichten für 3 Minuten
978-3-401-08745-0

Piratengeschichten für 3 Minuten
978-3-401-08932-4

Prinzessinnengeschichten für 3 Minuten
978-3-401-09757-2

Jeder Band:
80 Seiten · Gebunden
Mit farbigen Illustrationen
www.arena-verlag.de

Geschichtenspaß für 3 Minuten

Engelgeschichten für 3 Minuten
978-3-401-08849-5

Mutgeschichten für 3 Minuten
978-3-401-08442-8

Das große Buch der Vorlesegeschichten für
3 Minuten
978-3-401-09303-1

Der große Geschichtenspaß für 3 Minuten
978-3-401-08878-5

Arena

Jeder Band:
80 Seiten • Gebunden
Mit farbigen Illustrationen
www.arena-verlag.de

Geschichtenspaß für 3 Minuten

Abenteuergeschichten für 3 Minuten
978-3-401-09988-0

Rittergeschichten für 3 Minuten
978-3-401-09155-6

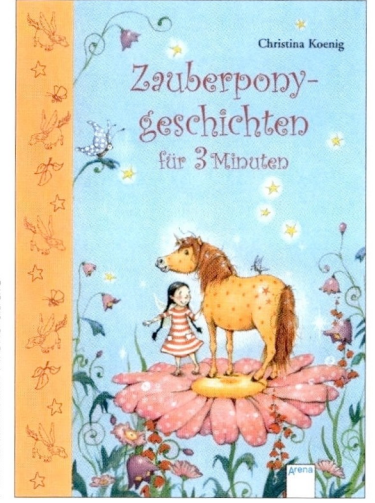

Zauberponygeschichten für 3 Minuten
978-3-401-09296-6

Fußballgeschichten für 3 Minuten
978-3-401-09938-5

Arena

Jeder Band:
80 Seiten · Gebunden
Mit farbigen Illustrationen
www.arena-verlag.de